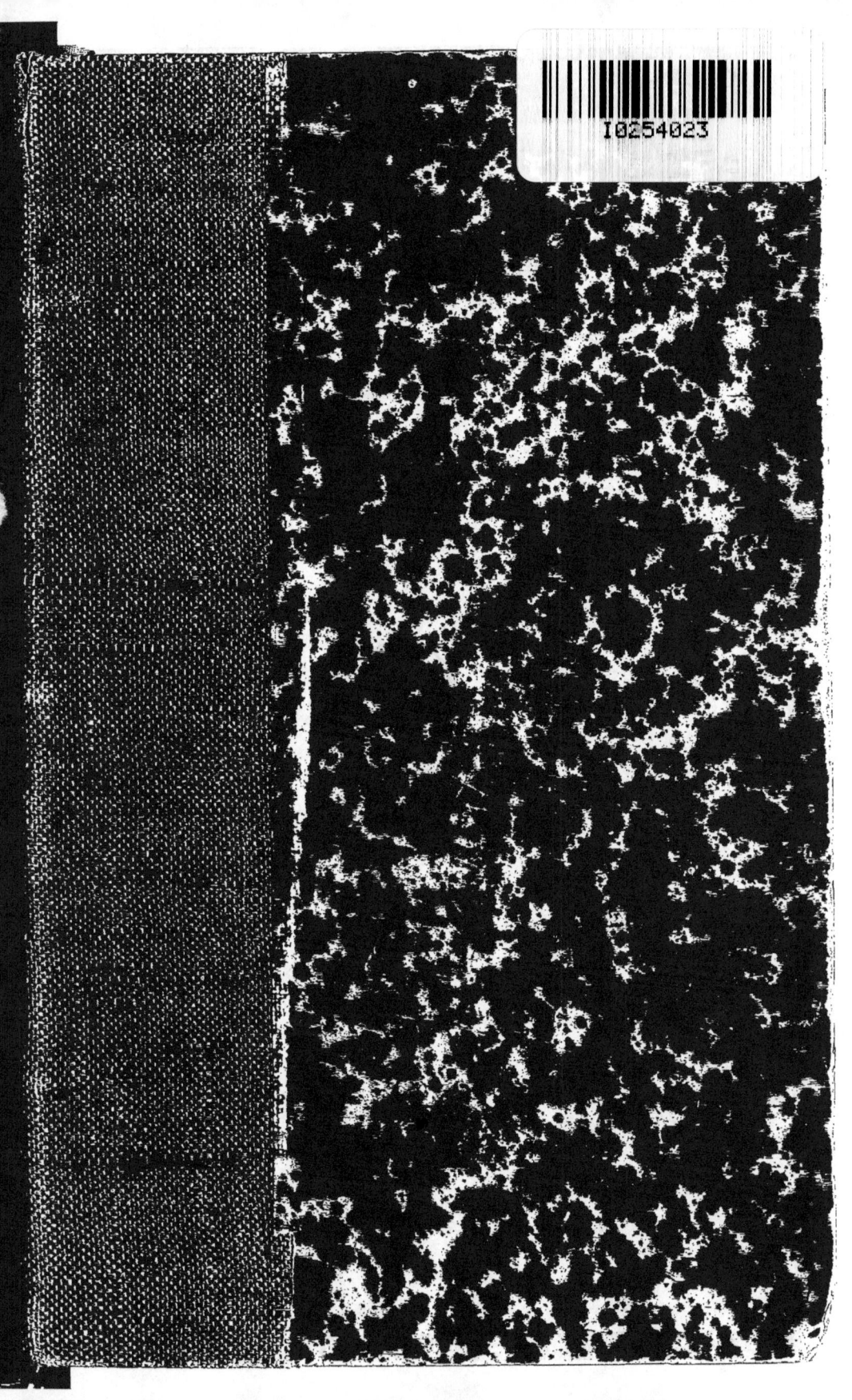

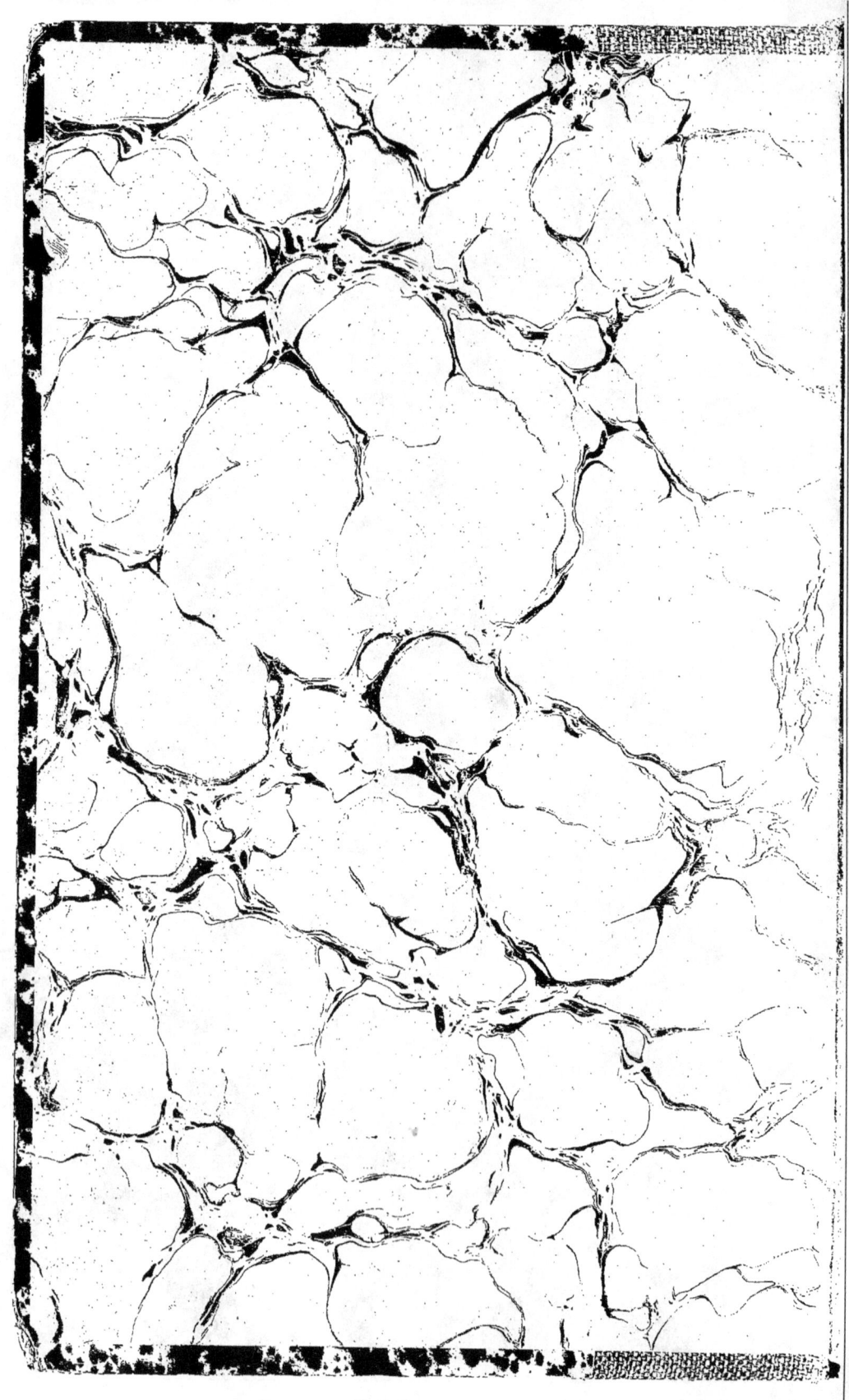

LE
MARÉCHAL DE VILLARS

GOUVERNEUR DE PROVENCE

D'APRÈS SA CORRESPONDANCE INÉDITE

PAR

ALBERT BABEAU

Correspondant de l'Institut.

PARIS

LIBRAIRIE DE FIRMIN-DIDOT ET CIE

IMPRIMEURS DE L'INSTITUT, RUE JACOB, 56

1892

VILLARS

GOUVERNEUR DE PROVENCE

DU MÊME AUTEUR :

Le Village sous l'ancien régime, quatrième édition revue et augmentée. 1 vol. in-12.

La Ville sous l'ancien régime (*ouvrage couronné par l'Académie française*), deuxième édition revue et augmentée. 2 vol. in-12.

La Vie rurale dans l'ancienne France (*ouvrage couronné par l'Académie des sciences morales et politiques*), deuxième édition. 1 vol. in-12.

Les Bourgeois d'autrefois, deuxième édition. 1 v. in-12.

Les Artisans et les Domestiques d'autrefois, deuxième édition. 1 vol. in-12.

La Vie militaire sous l'ancien régime. Les soldats. Les officiers, deuxième édition. 2 vol. in-12.

Les Voyageurs en France depuis la renaissance jusqu'à la révolution. 1 vol. in-12.

Histoire de Troyes pendant la révolution. 2 vol. in-8°.

L'École de village pendant la révolution. 1 vol. in-12.

La France et Paris sous le Directoire. Lettres d'une voyageuse anglaise. 1 vol. in-12.

TYPOGRAPHIE FIRMIN-DIDOT ET Cⁱᵉ. — MESNIL (EURE)

LE
MARÉCHAL DE VILLARS

GOUVERNEUR DE PROVENCE

D'APRÈS SA CORRESPONDANCE INÉDITE

PAR

ALBERT BABEAU

Correspondant de l'Institut.

PARIS

LIBRAIRIE DE FIRMIN-DIDOT ET CIE

IMPRIMEURS DE L'INSTITUT, RUE JACOB, 56

—

1892

AVANT-PROPOS.

Nos recherches sur l'ancienne administration française nous ont procuré l'heureuse fortune de rencontrer dans la volumineuse collection des papiers des Le Bret, conservée à la Bibliothèque nationale, de nombreuses lettres écrites par le maréchal de Villars, en sa qualité de gouverneur de Provence, à Pierre Cardin Le Bret, qui, comme son père, était à la fois intendant et premier président du Parlement d'Aix. Ces lettres, disséminées dans plus de cinquante registres, s'étendent de la fin de 1712 à 1733. Nous nous sommes empressé d'en signaler l'existence à M. le marquis de Vogüé, qui publie dans la collection de la Société de l'histoire de France le texte définitif des mémoires de Villars, avec d'importants fragments de sa correspondance; mais nous avons pensé que ces lettres inédites, réunies à quelques autres provenant des archives du ministère des affaires étrangères et des archives nationales, pouvaient faire l'objet d'une étude spéciale, non seulement pour mettre en relief un des aspects peu connus de la biographie du maréchal, mais afin de jeter quelques lumières sur les fonctions des gouverneurs de province sous Louis XIV et Louis XV.

Les lettres adressées par Villars à Le Bret ne sauraient être publiées intégralement, ni chronologiquement; tout en en donnant la liste par ordre de date, à la fin de notre travail, il nous a semblé nécessaire d'en grouper méthodiquement les extraits, d'après les différentes matières auxquelles ils se rattachent. Dictées par le maréchal à un secrétaire, avec la spontanéité du premier jet, elles contiennent des répétitions, des phrases banales, des formules de politesse, dont la reproduction serait fastidieuse, mais qui précèdent ou suivent quelques passages où le caractère de Villars se révèle avec les saillies qui lui sont propres. De grandes maximes, sonores et nobles, des traits quelquefois gaulois et pittoresques, éclatent et frappent ça et là, au milieu de la banalité d'une correspondance qui n'est que rarement familière, confidentielle et personnelle. Le maréchal pose toujours quelque peu devant le secrétaire qui transcrit ses paroles, et pour le haut fonctionnaire qui doit lire et parfois communiquer ses lettres. On l'y retrouve, tel que le montre Voltaire, son protégé, « fanfaron plein de cœur », avec quelques-uns des traits dont le pinceau vif et violent du duc de Saint Simon s'est servi pour le peindre avec un relief sans doute plus puissant que juste. On y entrevoit le reflet de sa « physionomie ouverte, sortante et véritablement un peu folle, à qui la contenance et les gestes répondaient »; on y aperçoit aussi sa « grande activité... assez d'esprit pour en imposer aux sots par sa propre confiance... de la facilité à parler, mais avec une abondance d'autant plus rebutante que c'était toujours avec l'art d'en revenir à soi, de se vanter... » On y verra percer aussi, « sous une magnificence de Gascon, une avarice extrême. » D'après Saint Simon, « les compliments chez lui suppléaient à tout ». Le maréchal sait les employer à propos; nul plus que lui ne possède l'art des précautions oratoires; il ne parle de son désintéressement que lorsqu'il va demander de l'argent; et c'est surtout lorsqu'il recommande un plaideur au premier président qu'il proteste de son respect pour la justice et l'équité.

Saint-Simon prétend que « toujours occupé de futilités », Villars « était un répertoire de romans, de comédies et d'opéras dont il citait à tout propos des bribes, même aux conférences les plus sérieuses ». Sa correspondance administrative ne présente que de très rares échantillon de ces bribes; il se laisse aller quelquefois avec Le Bret à quelques plaisanteries d'un goût douteux; il se sert dans certains cas d'un style qu'il qualifie de gaillard; mais ces plaisanteries et ce style sont tout à fait exceptionnels

AVANT-PROPOS.   ix

dans cette correspondance où les intérêts sérieux qui lui sont confiés sont traités sérieusement.

Quand Villars fut admis à l'Académie Française, le littérateur La Chapelle, chargé de le recevoir, lui dit : « Vous n'avez jamais cessé de chercher dans la lecture de nos meilleurs livres cette science de bien parler et de bien écrire que l'usage du monde seul ne donne pas; vous l'avez acquise, et nous avons vu des lettres de vous que les Sarrazin et les Voiture n'auraient pas désavouées. » Ce compliment ne saurait s'appliquer aux lettres que Villars a écrites à Le Bret. Le style épistolaire peut varier, suivant les personnes auxquelles il s'adresse; on n'écrit pas à une femme d'esprit, à un ami, de la même façon qu'à un fonctionnaire, surtout lorsque ce fonctionnaire est un personnage correct et froid comme Le Bret, dont le caractère calme forme un contraste tranché avec l'esprit exubérant de Villars; il n'en est pas moins vrai que l'élégance de style fait souvent défaut dans ses lettres, et qu'on n'y trouve pas toujours la netteté, qui, selon Fénelon, manquait dans les discours du maréchal. Mais si la correspondance que nous faisons connaître, n'ajoute rien à sa renommée littéraire, elle lui acquerra quelques nouveaux titres à l'estime de l'histoire. Il s'y montre sans doute tel qu'il était, avide, vantard, personnel, mais actif, conciliant, animé du désir de la justice et de l'amour du bien public, prenant souvent au sérieux ses fonctions, malgré leur caractère honorifique, et véritablement dévoué aux intérêts de sa province comme il l'était à ceux de son pays.

L'histoire ne doit rien négliger, ni dédaigner. Les documents inédits, quelque restreint que soit leur intérêt, jettent une plus large part de lumière et de vérité sur les faits et les hommes du passé. Ici, le fait principal, c'est le rôle que pouvait jouer un gouverneur dans l'administration de sa province; l'homme, c'est Villars, une des figures les plus sympathiques de son temps, rappelant la physionomie de Henri IV par certains traits, tels que l'entrain et l'esprit pratique, et dont les défauts ne sauraient être jugés sévèrement par tous ceux qui se souviennent des grands services que le vainqueur de Denain a rendus à la France, en raffermissant dans des circonstances critiques sa grandeur un instant ébranlée.

LE

MARÉCHAL DE VILLARS

GOUVERNEUR DE PROVENCE,

D'APRÈS SA CORRESPONDANCE INÉDITE.

CHAPITRE I

Les attributions du gouverneur.

L'autorité des gouverneurs de province était sérieuse au seizième siècle et au début du siècle suivant; véritables vice-rois, ils résidaient souvent au milieu de leurs administrés, levant des troupes et conservant dans leurs châteaux des arsenaux formidables, comme le duc de Guise à Joinville, le connétable de Lesdiguières à Vizille. Si les armes dont ils disposaient étaient presque toujours employées au service du roi, elles pouvaient être tournées contre lui. Le duc Henri de Montmorency montra dans le Languedoc comment un gouverneur entrait en guerre contre son prince. Aussi Richelieu, dans sa passion de faire prédominer l'autorité centrale, en abattant les têtes trop hautes qui lui portaient ombrage, poursuivit-il sans relâche la diminution du pouvoir des gouverneurs. Ceux qui lui résistèrent furent brisés; le duc de Montmorency périt sur l'échafaud, et dans toutes les provinces, des intendants furent placés auprès des gouverneurs, investis à peu près des mêmes attributions, et destinés bientôt à jouer à leurs côtés le rôle que les maires du palais avaient rempli près des derniers rois mérovingiens.

Les gouverneurs conservèrent leur prestige, leurs honneurs, leurs appointements. Ils étaient reçus comme des souverains, quand ils entraient pour la première fois dans les principales villes de leurs provinces; mais d'ordinaire, ils ne faisaient qu'y passer. Sauf dans les pays d'État, où leur présence était souvent nécessaire pour en imposer à la noblesse, pendant la tenue des sessions, ils ne résidaient pas régulièrement dans leurs gouvernements. Pour quelques-uns pourtant, ceux-ci étaient des sortes de fiefs, qui se transmettaient de père à fils ou de beau-père à gendre; ainsi, la Champagne fut régie par les Nevers et les Conti; la Bourgogne, par les Condé; le Béarn, par les Gramont. L'hérédité de ces grandes fonctions était sans danger pour l'État depuis que l'autorité de leurs titulaires était devenue illusoire.

Les gouvernements étaient donnés à la naissance, à la faveur et quelquefois au mérite. Ils pouvaient être la récompense de services éclatants rendus à l'État. C'est ainsi que le gouvernement de Champagne avait été accordé au duc d'Enghien, à la suite de la victoire de Rocroi. Le préambule des lettres patentes, qui lui conféraient cette dignité, relatait dans un style frappé à la marque du grand siècle les circonstances et les résultats de la bataille que le futur grand Condé venait de gagner d'une manière si brillante [1]. C'est ainsi qu'à la fin du règne de Louis XIV, le vainqueur de Denain fut pourvu du gouvernement de Provence.

Si le jeune prince, qui « portait la victoire dans ses yeux », s'était signalé à vingt ans par un coup de maître, comme la bataille de Rocroi, le maréchal de Villars avait rendu depuis quarante ans, sur les champs de bataille comme aussi dans ses missions diplomatiques, les plus éclatants services à la France. Le préambule des lettres patentes qui l'appellent, le 20 octobre 1712, au gouvernement de Provence [2], énumère toutes ses campagnes, ses principales victoires, ses succès incessants, les

---

1. Nous avons publié le texte de ces lettres patentes dans la *Revue historique* de mai 1889, avec une notice sous le titre de : Le grand Condé, gouverneur de Champagne.

2. Voir à l'Appendice le texte de ces lettres patentes, d'après les registres du Parlement de Provence, et la copie que nous devons à l'obligeance de M. Blancard, Archiviste des Bouches-du-Rhône.

grades, les titres et les dignités qu'il avait mérités. Colonel d'un régiment de cavalerie avant la paix de Nimègue, commissaire général de la cavalerie après une campagne qu'il fit volontairement en Hongrie, il devint maréchal de camp en 1690, au commencement de la guerre dont la ligne d'Augsbourg fut le prétexte, puis bientôt lieutenant général et gouverneur de Fribourg. Envoyé auprès de l'Empereur après la paix de Ryswick, il fut appelé, dès le début de la guerre de la Succession d'Espagne, à remplir à la tête des armées le grand rôle auquel l'appelaient ses rares qualités de commandant en chef. Dès lors, ce fut pour lui une série croissante et persistante de succès et d'honneurs; ses campagnes d'Italie et d'Allemagne, la victoire de Friedling, lui valurent en 1702 le bâton de maréchal de France; la victoire d'Hochstett, la manière habile dont il pacifie le Languedoc, lui font donner le cordon de chevalier des ordres du roi. En 1705, il paralyse les mouvements de Marlborough sur la Moselle; il est nommé duc. En 1710, après de nombreuses campagnes, en Allemagne, en Dauphiné, en Flandre, où son renom grandit à Malplaquet, il est fait pair de France, gouverneur de Metz et de Verdun [1]. Enfin il

---

1. Il y remplaça le maréchal de Joyeuse, « espèce de sacre et de brigand, qui pillait tant qu'il pouvait pour le manger avec magnificence ». Outre les appointements du gouvernement du pays messin, Villars conserva 15.000 francs de pension, comme ayant perdu le gouvernement de Fribourg. (Saint-Simon, *Mémoires*, t. VIII, p. 46.)

vient de mettre le comble à sa gloire et à ses services, en s'emparant des retranchements de Denain par un coup hardi, qui rétablit la grandeur compromise de nos armes et cause à l'ennemi de telles pertes, qu'il n'en peut résulter qu'une paix honorable pour la France. « Tant de si grandes actions, dit le roi dans ses lettres patentes, ne laissent pas lieu de douter que le choix que nous avons fait de notre dit cousin pour remplir le gouvernement général de notre pays et comté de Provence ne soit digne de lui »...
« La situation de notre pays et comté de Provence, avait-il dit plus haut, rend le gouvernement de cette province si considérable par ses ports de mer sur la Méditerranée et ses places frontières qui ouvrent l'entrée dans l'intérieur de notre royaume, que nous ne saurions apporter trop de soin pour la conservation d'un pays aussi important; nous avons cru, à cet effet, que nous ne pouvions faire un meilleur choix pour remplir la place de gouverneur général de cette province qui vaque à présent par le décès de notre cousin le duc de Vendôme, que de la personne de notre très cher et bien-aimé cousin Louis-Hector, duc de Villars, pair et maréchal de France... » Par une remarquable coïncidence, la mort de Vendôme permettait de remplacer dans le gouvernement de Provence le capitaine le plus brillant et le plus heureux de la dernière période du règne de Louis XIV par un

guerrier non moins favorisé par le génie et par la fortune.

Sans doute, il n'était pas besoin d'avoir des aptitudes ou des capacités spéciales pour être gouverneur de province, surtout depuis la Fronde; on demandait aux titulaires plutôt de ne rien faire que d'agir; c'était une faveur qu'on leur octroyait, une récompense qu'on leur décernait; on n'exigeait d'eux presque rien en retour. A la fin du règne de Louis XIV, des princes du sang, comme le duc d'Enghien, le duc du Maine, le comte de Toulouse, étaient à la tête de la Bourgogne, de la Bretagne, du Languedoc; des courtisans comme Dangeau et d'Antin, avaient l'Orléanais et la Touraine; des maréchaux de France, Villeroy, Berwick, Tallard, le Lyonnais, le Limousin, le Dauphiné. Pouvait-on demander à ces derniers de résider dans leur province, de s'occuper des détails d'administration, lorsqu'ils étaient appelés sur le champ de bataille à défendre des intérêts plus grands? Au moment où Villars venait d'être nommé gouverneur de Provence, il avait sans doute par la victoire de Denain décidé de l'issue de la guerre et des négociations; mais sa tâche n'était pas accomplie; la paix n'était pas signée, la guerre n'était pas terminée. Lui seul pouvait mener l'une et l'autre à bonne fin, car lui seul possédait alors le prestige que donne le succès et que rehausse la valeur personnelle.

Les fonctions de gouverneur, déterminées par les lettres patentes, étaient telles qu'elles auraient suffi pour occuper un homme qui se serait exclusivement consacré à les remplir, et qu'elles pouvaient cependant être négligées en tout ou en partie par le titulaire, parce que ses attributions étaient à peu près les mêmes que celles des intendants. La première de toutes était de contenir les « sujets, manans et habitans » de la province en l'obéissance et fidélité qu'ils devaient au roi, et de les faire vivre en bonne union, paix, amitié et concorde les uns avec les autres. Représentant de l'autorité souveraine, le gouverneur devait veiller à l'administration de la justice, convoquer et assembler par devers lui les gens des trois états où et quand il lui conviendrait, entendre leurs plaintes, veiller à ce que les officiers de tous sièges fassent le devoir de leurs charges; commander aux officiers du roi, « ensemble aux maires et échevins, manans et habitans des villes », comme aux capitaines de gens d'armes, mestres de camp, colonels, ban et arrière ban; envoyer les capitaines en telles villes et places qu'il verrait bon, veiller aux revues et aux montres, aux étapes, aux approvisionnements militaires, aux garnisons, comme à l'entretien des fortifications. La police générale lui appartenait; il devait avoir l'œil sur les prévôts des maréchaux, faire veiller par la maréchaussée sur la sûreté des chemins; lui faire interroger et arrêter les suspects. L'entretien des routes appartenait même à sa haute surveillance, qui devait s'étendre jusqu'à l'emploi fidèle des deniers du roi. Enfin les lettres patentes, qui donnaient le gouvernement de Provence à Villars pour un terme de trois ans, bientôt prorogé jusqu'à sa mort et même jusqu'à la mort de son fils aîné, lui conféraient en général tous les pouvoirs que le prince aurait exercés en personne dans la province. Prérogatives trop étendues, si elles n'avaient trouvé leurs limites dans leur multiplicité même et dans l'indifférence avec lesquelles elles furent d'ordinaire exercées.

L'intelligence active, l'esprit infatigable de Villars lui permirent de toucher de haut et de loin aux multiples attributions de sa charge sans cesser de diriger la guerre, de négocier la paix et de prendre la part qu'on voulut lui laisser aux affaires de l'État. Autant qu'il le put, il prit un intérêt réel aux affaires de sa province; il est vrai qu'il ne se hâta pas de s'y rendre, et qu'il n'y séjourna qu'une seule fois, pendant ses vingt-deux ans de gouvernement. Son pouvoir, comme celui d'un souverain constitutionnel moderne, était plus nominal qu'effectif, plutôt décoratif que réel; il n'avait pas de bureaux; un seul secrétaire, qui fut longtemps un sieur Gally[1], lui suffit pour sa corres-

1. Gally paraît d'abord avoir été secrétaire pour la guerre de l'intendant de Maubeuge Doujat. Il sollicitait en 1720 quelque détail dans les affaires dont le contrôleur général chargerait Paris du Ver-

pondance avec les autorités de Provence, correspondance régulière avec l'intendant, sans compter celle qu'il eut accidentellement avec d'autres autorités locales, comme les échevins de Marseille, par exemple ; il donnait rarement des ordres, il ne faisait qu'à titre exceptionnel prévaloir sa volonté, mais il ne craignait pas d'entrer dans les détails, voulant être informé de tout par l'intendant, désirant être consulté par lui dans les affaires importantes, et pardessus tout tenant à remplir le rôle de protecteur et d'arbitre, de modérateur et de pacificateur, qu'il regardait avec raison comme la plus bienfaisante de ses prérogatives.

ney et Montmartel. « Comme M. le Maréchal de Villars, écrivait Doujat, s'intéresse à ce qui le regarde, je ne doute pas qu'il ne vous ait parlé aussi en faveur du sieur Gally. » (Archives nationales, G^7 414.) A partir de 1721, Gally fut remplacé par un autre secrétaire, qui a écrit presque toutes les lettres de Villars adressées à Le Bret, jusqu'en 1733.

CHAPITRE II

Relations du gouverneur avec l'intendant.

En prenant possession de son gouvernement, Villars trouvait à la tête de sa province trois personnages avec lesquels il lui fallait compter : l'archevêque d'Aix, le lieutenant général, l'intendant; le premier, qui n'était pas seulement à la tête du clergé, mais à qui son rôle de président-né des États donnait le premier rang en Provence; le deuxième, qui pouvait être regardé comme le chef de la noblesse, et qui par son âge et son caractère possédait à cette époque une situation exceptionnelle, toute subordonnée qu'elle fût hiérarchiquement à l'autorité du gouverneur; le troisième, l'intendant, qui appartenait au tiers état par son origine et pouvait être regardé comme l'agent direct du pouvoir royal. A tout prendre, c'était le plus puissant de tous.

L'intendant, Pierre Cardin Le Bret, était arrière-petit-fils et petit-fils de conseillers d'État. A l'âge de trente ans, en 1704, il avait succédé à son père [1] dans

---

1. Voir sur le premier des Le Bret l'excellent livre de M. Marchand : « *Un intendant sous Louis XIV. Étude sur l'administration de Le*

l'intendance de Provence, en attendant qu'il le remplaçât dans la charge de premier président du parlement d'Aix[1] et d'intendant du commerce. Tout le parlement avait demandé en 1710, à la veille de la mort de Le Bret, que la première présidence fût donnée à son fils. Celui-ci, maître des requêtes depuis 1696, intendant du Béarn en 1701, avait acquis dans ces dernières fonctions comme auprès de son père la science et l'expérience de l'administration. Réunissant en lui les attributions les plus importantes et les plus variées, présidant à la police, aux finances, à la justice comme au commerce, plus tard même investi du commandement militaire, il était plus à même que qui ce soit de renseigner le gouverneur, de correspondre avec lui, de lui servir, au besoin, d'intermédiaire et de conseil.

Le Bret est un des types le plus accomplis de ces fonctionnaires distingués qui exercèrent depuis le milieu du xvıı⁰ siècle jusqu'à la Révolution une in-

---

Bret en Provence (1687-1704), 1889, et le bel ouvrage du comte Robert Cardin Le Bret, intitulé : *Maison Le Bret. Généalogie historique* (Le Mans, 1889, in 4°), remarquable publication qui n'a pas été mise dans le commerce, et dont l'auteur a bien voulu nous gratifier d'un exemplaire.

1. Après lui avoir annoncé sa nomination du 25 mars 1710, Pontchartrain écrit, le 8 avril, à Le Bret qu'il peut venir prêter serment au roi comme premier président, mais il l'engage à rester le moins possible à Versailles, sa présence étant très nécessaire en Provence. Il lui dit qu'il pourra vendre sa charge de maître des requêtes. (Bibliothèque nationale, fonds français, 8893.)

fluence si haute et si profonde sur la direction des affaires et des esprits dans les provinces. Calme, exact, avisé, conciliant, il cherchait à maintenir l'ordre et la paix parmi les corps constitués et parmi ses administrés[1]. Dès l'abord, Villars sentit quel intérêt il avait d'être en bons termes avec Le Bret, de le ménager, de lui plaire même par de flatteuses paroles. A peine est-il investi de son titre de gouverneur, qu'il lui écrit le 29 novembre 1712 : « Je suis très décidé à régler mes sentiments sur les vôtres... Je croirais ne pouvoir mieux faire quand même je pourrais connaître par moi-même ceux dont vous me parlez ; à plus forte raison, ne pouvant juger que ce que vous et M. l'archevêque d'Aix me ferez l'honneur de me mander ? » Et Villars se dépeint bien, avec son mélange de largeur d'esprit et d'amour-propre lorsqu'il ajoute :

« Je suis plus porté que personne au monde à chercher l'amitié de ceux avec qui j'ai à vivre et à traiter, incapable de prendre légèrement des préventions, ni d'être gouverné par mes domestiques, leurs intérêts et encore moins les miens, cherchant le bien, la justice et la vérité avec ardeur. Je suis d'ailleurs persuadé que le service du roi, l'utilité de la province que nous avons à gouverner exigent notre parfaite

[1]. Le comte Le Bret, qui a consacré une notice détaillée à Cardin Le Bret, deuxième du nom (p. 60 à 79), a donné dans son livre la reproduction par l'héliogravure de trois portraits de ce personnage, gravés par Thomassin (1701) et J. Cundier (1724-1727), d'après De Troyes et H. Rigaud.

intelligence. Soyez sûr, je vous supplie, que je ferai de mon côté tout ce qui sera possible pour que rien ne dérange un concert également nécessaire à notre bonheur particulier et à celui des gens qui auront affaire à nous. »

Quelques années après, Villars persistait dans sa manière de voir, en écrivant à Le Bret :

« Je vois que vous êtes persuadé que je donne trop aisément ma confiance; je n'ai guère encore été accusé de ce défaut. Vous avez dû trouver que vous aviez quasi ma seule confiance, et quasi même est de trop... Bien est-il vrai qu'il ne faut jamais être totalement gouverné, ni même le paraître. Cette qualité, bonne ou mauvaise, de n'être pas gouverné, m'est assez naturelle. Ceux qui m'ont précédé dans le commandement des armées étaient soupçonnés de de l'être souvent... Je vous envoie copie d'une lettre que j'ai écrite à Messieurs de Marseille par laquelle vous verrez que je crois être assez bien avec vous... Quand je ne suis pas sur les lieux, je me rapporte à ce que vous me mandez et vous ne seriez pas juste, si vous pensiez autrement[1]. »

Comme Villars ne vint qu'une fois « sur les lieux » pendant la durée de son gouvernement, il s'en suivit que, la plupart du temps, il s'en rapporta à Le Bret.

---

1. Lettre du 3 juin 1717. — Nous indiquerons la cote des liasses ou des registres des dépôts publics d'où sont tirées les lettres de Villars, dans un index chronologique publié à la fin du volume.

Il le lui dit à de nombreuses reprises, toutefois sans toujours se conformer à ses protestations. En 1713, il s'agissait d'une confiscation faite sur un marchand de Grignan; Villars était intervenu spontanément auprès du contrôleur général Desmarets, et Le Bret lui avait fait sans doute quelques objections : « Je n'oublierai rien en tout ce qui sera juste pour obliger messieurs les Provençaux, mais je m'en rapporterai fort sur cela à tout ce que vous estimerez raisonnable, et si j'avais pu être informé de votre sentiment sur ce qui regarde ce marchand, je m'y serais conformé [1] ».

Le plus souvent, comme il sait qu'un éloge bien senti est une des meilleures manières de s'attacher les hommes, il se confie à l'intendant en lui faisant des compliments. « Votre décision, lui dit-il, sera conforme à toutes celles qui partent d'un aussi honnête homme et qui a une aussi bonne tête [2]. » Ailleurs il lui dit : « Je vous croirai toujours, parce que je vous connais bien. » — « Je compte fort sur l'honneur de votre amitié, et je vous supplie que nous soyons bien assurés l'un de l'autre sans compliments [3]. » — En 1716, il lui recommande « un galant homme, qui a bien servi » : « Comme vous êtes la puissance du pays la plus considérable, un mot de vous fera mieux que quatre pages de moi. Fai-

1. Lettre du 6 février 1713.
2. Lettres des 29 avril 1720 et 16 juillet 1724.
3. Lettre du 17 décembre 1715.

16 LE BRET COMMANDANT MILITAIRE.

tes-moi la grâce de m'aimer et de me croire, etc [1]. »

Le maréchal ne se borne pas à de stériles protestations : il use de son influence en faveur de Le Bret. Il lui fait obtenir des faveurs; à ses attributions administratives et judiciaires, il en fait ajouter de militaires. Le Bret reçoit, grâce à lui, des lettres patentes de commandant. « Votre autorité s'étend aussi sur les troupes, lui écrit Villars, ce qui n'avait pas été accordé ci-devant [2]. » Mais ces pouvoirs multiples conférés à un seul homme excitent la jalousie, suscitent des cabales. Villars intervient pour engager Le Bret à les mépriser : « Il n'est pas surprenant, lui dit-il, que vous trouvant en même temps premier président, intendant et commandant dans la province, vous donniez de la jalousie. Je vous donnerai mon exemple sur les cabales. Je n'ai jamais été d'aucunes; il n'y a qu'à les mépriser. Cette conduite est plus dangereuse à la cour que dans la place où vous êtes... Vous n'avez qu'à continuer à chercher le bien, le vouloir avec fermeté et laisser clabauder. Vos bonnes qualités sont connues de Son Altesse royale... »

C'était le régent, et celui-ci avait promis à Villars « de ne jamais faire un pas sur les affaires de Provence sans le lui communiquer ». « Je crois l'avoir

---

1. Lettre du 30 décembre 1716.
2. Lettre du 3 novembre 1715. — Cependant, Le Bret père avait reçu en 1687 une commission pour commander dans la province, en l'absence du comte de Grignan. (Bibl. nat., fr., 8829.)

convaincu, ajoute-t-il, que son intérêt, le mien et le vôtre étaient d'être tous unis¹ ».

Aussi Villars soutient-il Le Bret à la cour. Dans la dernière année du règne de Louis XIV, il le rassure sur son crédit, il lui fait connaître l'estime où l'on tient sa personne et ses services... « Tous les ministres disent beaucoup de bien de vous, lui écrit-il. Un homme dont l'amitié peut ne vous être pas indifférente m'a dit aussi beaucoup de bien de vous : c'est le P. Letellier ². » Lorsque les conseillers du régent veulent réformer l'administration, Villars s'empresse de rassurer Le Bret sur les atteintes qui auraient pu être portées à ses attributions : « On avait pensé, lui écrit-il le 9 novembre 1715, à diminuer l'autorité des intendants, mais enfin tout s'est passé comme vous le pouvez désirer. » Et, en 1719, quand on lui rend l'intendance du commerce, il lui dit : « On ne fera jamais rien de plus utile au bien du service et qui me soit plus agréable que d'augmenter vos fonctions et vos dignités. »

Il apprécie son caractère ; il est courtois non seulement envers le fonctionnaire, mais envers l'homme.

1. Lettre du 25 décembre 1715. — Les patentes lui furent renouvelées en 1724. Villars lui écrit, en effet, le 24 avril de cette année : « Vous recevrez incessamment la patente pour le commandement : moyennant quoi, personne dans le royaume n'a un emploi si considérable que le vôtre ; car il est unique d'être en même temps premier président, intendant et commandant dans la province. »

2. Lettre du 11 mars 1715. On sait l'influence que possédait à cette époque le confesseur de Louis XIV.

18 POLITESSES DE VILLARS

Si, comme nous le verrons plus loin, il lui demande des services qui sont plutôt du domaine de l'homme d'affaires que de l'agent du roi, il le traite aussi en ami ; il lui parle de la belle terre de Selles, que Le Bret vient d'acheter, qui vaut mieux, selon lui, que des contrats sur le Mississipi, et qui est menacée d'un retrait en vertu de la coutume de Blois[1] ; il le félicite sur la naissance de ses enfants[2] ; il serait très heureux de le recevoir à son château de Villars ; il l'invite ainsi que Mme Le Bret[3] à y venir : « Vous ne sauriez, lui écrit-il en 1728, habiter de lieu où vous soyez plus chéri du maître qui vous honore parfaitement. » Il l'engage une autre fois à se rendre à Fontainebleau, « où il y a toujours bonne et grande compagnie ». « Nous y menons une vie très douce. Cela serait assez du goût d'un homme aussi quiet que vous[4]. » Le flegme est un des traits saillants du

1. « J'espère que vous êtes content du petit voyage que vous venez de faire dans vos nouvelles terres (26 octobre 1719) ». — Je m'informe souvent de tout ce qui regarde le retrait qu'on veut vous faire, et j'y trouve des difficultés insurmontables (8 décembre 1719). — Je pense que vous ne vous êtes pas ennuyé dans votre belle maison de la Seille. (1er novembre 1727.)
2. Lettre de 1717, publiée par le comte Le Bret, p. 67.
3. Il lui écrit, le 22 juillet, de Villars : « Je vous gronderai toujours et Madame Le Bret de n'avoir pas voulu en faire votre première couchée. » — Le Bret s'était marié quatre fois. Il avait épousé, en quatrièmes noces, au mois de juillet 1712, Marguerite-Henriette de la Briffe, fille d'un procureur général au parlement de Paris, et dont le comte Le Bret a fait reproduire un joli portrait gravé par Drevet, d'après H. Rigaud. Elle mourut en 1724, après avoir eu huit enfants.
4 Ce passage donne quelque vraisemblance à une anecdote rapportée

caractère de l'intendant. Villars y fait plus d'une fois allusion, tout en reconnaissant que cette qualité est utile pour tempérer l'esprit trop ardent des Provençaux.

Il s'en plaint pourtant, lorsque l'intendant met trop d'intervalles dans sa correspondance, ne lui écrit pas depuis quinze jours [1], ne le met pas au courant d'affaires dont il est saisi directement et sur lesquelles il ne peut répondre, faute d'être suffisamment informé. A diverses reprises, il lui demande sur les affaires de Provence des mémoires, tantôt qu'il doit consulter personnellement, tantôt qu'il doit lire au roi [2] ou communiquer aux ministres. Le vrai rôle du gouverneur, c'est d'être l'intermédiaire écouté et puissant entre la province et le pouvoir central. Il fait parvenir et appuie les doléances des états de Provence, il introduit les députés à la cour. Il raconte que le premier président de Rouen ne voulait pas être présenté au roi par le gouverneur de Normandie, le duc de Luxembourg, parce qu'il n'était pas

par le duc de Luynes, sur la taciturnité de Le Bret. Au début de leur relations, Villars l'avait entretenu d'affaires importantes concernant la Provence. L'intendant n'ayant pas répondu un mot, le maréchal impatienté quelques jours plus tard de n'avoir pas de réponse, était sur le point de demander son changement, lorsque Le Bret lui apporta lui-même toutes les expéditions qui lui avaient été demandées. (*Mémoires du duc de Luynes*, t. XV, p. 35. — Comte Le Bret, p. 74).

1. Dans une lettre du 25 juin 1725, où Villars se plaint de la rareté des lettres de Le Bret, il dit : « La poste fait bien son devoir, puisque je reçois réponse d'une (lettre) de treize jours. »

2. Lettre du 23 octobre 1714.

bien avec lui. « Il a été condamné et forcé, dit Villars, d'aller demander à ce gouverneur de le présenter avec la députation [1]. »

Un gouverneur comme Villars doit être pris au sérieux. Nul mieux que lui ne peut intervenir efficacement en faveur des affaires de sa province. « Je suis assez persuadé, écrit-il à Le Bret en 1714, que si quelqu'un peut rétablir un ordre salutaire dans plusieurs affaires, mon application soutenue de vos bons conseils, du crédit que vous avez dans le pays et de la connaissance parfaite que vous en avez, l'opérera... Je désire uniquement le bien sans nulle sorte de préventions, et avec des intentions pures et désintéressés, il faut se flatter de pouvoir se le procurer. »

Il est certain que si le gouverneur ne tient pas d'ordinaire à exercer directement son autorité, il aime à montrer son influence en faveur de sa « chère Provence » et de ses fonctionnaires. Le 14 mars 1714, il obtient un emploi de finances pour un sieur Bougarel, malgré les réclamations du premier président de la chambre des comptes [2]. « Je veux espérer qu'en chose juste, messieurs les ministres voudront bien avoir de la condescendance pour moi de faire en Provence ce que je leur demanderai. » Son crédit fut surtout grand à certaines époques de la Régence, où il fut président

1. Lettre du 27 novembre 1715.
2. Le maréchal arrangea l'affaire en faisant écrire par Bougarel au premier président. « Moyennant quoi, écrit-il, tout le monde sera content. » (Lettre du 21 mai 1714.)

du conseil de guerre. « L'on me renvoie des autres conseils, écrivit-il le 31 décembre 1715, tout ce que les Provençaux écrivent. Ainsi ils pourront retrancher une partie de leurs écritures. Messieurs les Présidents, outre que nous sommes bien ensemble, sont assez persuadés que le bien du service exige que je dirige un peu les affaires de notre chère Provence, laquelle jusqu'à présent me paraît un peu processive... M. d'Antin m'a dit qu'il en reçoit plus de lettres que de la moitié du royaume. On reconnaît à cela l'esprit et la vivacité du climat[1]. » Plus tard, il dira : « Le Régent trouve bon que j'assiste au conseil des dépêches, surtout quand il est question des affaires de Provence[2]. »

L'administration de la Provence dépendait, comme on le sait, du secrétaire d'État des affaires étrangères, ce qui n'empêchait pas le contrôleur général et le garde des sceaux de correspondre avec l'intendant. On voit que, pendant la durée de sa présidence du conseil de guerre, Villars s'efforça d'attirer à lui toutes les affaires de la Provence ; mais la suppression des conseils, qui avaient remplacé momentanément les secrétaires d'État, rétablit l'ordre accoutumé, et « tout ce que les Provençaux écrivaient « ne lui fut plus renvoyé par les différents ministres ».

1. Voir une lettre du 17 décembre 1715.
2. Lettre du 10 décembre 1720. Le conseil des dépêches était un des départements du conseil du roi. Il ne doit pas être confondu avec les conseils, qui, comme le conseil de guerre, furent établis en 1715 et supprimés en 1718.

CHAPITRE III

Les fonctionnaires des États.

C'était surtout entre les États de Provence et la cour que Villars était l'intermédiaire nécessaire, le médiateur autorisé. Si les états, composés des trois ordres, n'avaient plus été réunis depuis 1639, on continuait à donner d'ordinaire ce nom à l'assemblée générale des communautés, où figuraient en très grande majorité les représentants du tiers état, premiers consuls du chef-lieu et des villes les plus importantes de chaque viguerie. Le clergé et la noblesse n'y étaient représentés chacun que par deux membres élus non par leur ordre, mais par l'assemblée générale. L'autorité de cette assemblée, qui restait investie d'attributions sérieuses pour le répartition des impôts, ne s'étendait pas à toute la Provence, dont une partie importante, désignée sous le nom de pays adjacents, dépendait directement de l'autorité de l'intendant; elle comprenait la riche et populeuse ville de Marseille et quelques villes, comme Arles. Mais le président et les procureurs des États étaient toujours, après l'intendant, les principales autorités civiles de la province. Le gouverneur présentait de droit à la cour les députations et les cahiers des procureurs des états ; il était en relations et en correspondance avec l'archevêque d'Aix, président-né des états. Aussi désirait-t-il s'entendre facilement avec lui comme avec l'intendant. Lorsqu'il fut question, en 1715, de Guillaume de Vintimille, archevêque d'Aix, pour l'archevêché de Cambrai, Villars écrit : « S'il y était nommé, j'aurais attention que nous ne mettions pas pour président de nos états quelqu'un de difficile. » Plus tard, lorsque Vintimille fut appelé à Paris, il disait : « Je ne sais quel archevêque on nous donnera. Bien est-il vrai qu'il est très nécessaire qu'il soit bien sage[1]. »

Vintimille, qui appartenait à une famille puissante de la province, allait assez fréquemment à Paris, où l'appelaient régulièrement les assemblées du clergé, où le retint longtemps l'examen des écrits et de la doctrine du P. Quesnel. Il était en bonnes relations avec Le Bret, lui écrivant fréquemment, le tenant au courant des bruits de la cour et de la ville, même des aventures scandaleuses, comme de celle de Mme de Nassau, en ayant soin d'ajouter : « Nous voyons dans ce siècle des choses terribles pour le renversement des mœurs et de la pudeur. » Il lui parle aussi du maréchal de Villars, de ses agissements, de l'intérêt qu'il y a pour la Provence à se le concilier.

---

1. Lettre du 9 mai 1729.

Lorsqu'il est question de son voyage en Provence, il dit : « Nous tâcherons de le mettre à son aise afin qu'il soit agréablement et commodément avec nous[1]. »

L'archevêque d'Aix sut se faire bien venir du gouverneur. Il le voyait à Paris; il cherchait de concert avec lui à « obtenir tous les soulagements possibles pour la Provence; » il travaillait avec lui dans ce but chez le contrôleur général[2]. Villars en parle avec affection. En 1722, le bruit public envoyait Vintimille à Reims comme, en 1715, il l'envoyait à Cambrai. « J'avais toujours compté, écrit le maréchal, que notre cher archevêque d'Aix aurait l'archevêché de Rennes; j'en suis très aise pour l'amour de lui et même pour l'amour de moi, par rapport au plaisir que j'aurai de le voir souvent et parce que la place de premier pair de France ne pouvait être mieux remplie; mais nous perdons un digne président de nos états et qui était d'une grande utilité pour la province[3]. » Il y resta encore sept ans; Villars lui fut toujours attaché. A la fin de 1728, il exprimait en ces termes le désir qu'il avait de le voir : « Il faut bien qu'il vienne chanter une belle préface le premier de l'an; je lui ai connu une très belle voix; il n'est pas du bon air pour l'ordre du Saint-Esprit que ce soit un chapelain qui fasse les fonctions de comman-

---

1. Lettre de Vintimille, du 11 mai 1715. (Bib. nat., fr., 8904.)
2. Lettre du 27 novembre 1715 et 31 mai 1727.
3. Lettre du 26 mars 1722.

deur[1]. » Peu de temps après, Vintimille fut nommé archevêque de Paris en remplacement du cardinal de Noailles. Le cardinal de Fleury lui donna pour successeur à Aix Antoine de Brancas, qui appartenait, comme lui, à une noble famille de Provence[2].

Dans l'intervalle des sessions de l'assemblée générale de la province, une partie de l'administration était exercée par les procureurs du pays. Il y avait cinq procureurs nés et six procureurs joints. L'archevêque, les trois consuls et l'assesseur d'Aix étaient procureurs nés. Les procureurs joints étaient élus dans chacun des trois ordres par l'assemblée générale. Mais comme ils étaient présentés à ses suffrages, les influences supérieures avaient grande part dans leur élection. Le gouverneur discutait avec l'intendant ceux qui convenaient le mieux ou le moins. En 1713, écrivant des camps situés devant Landau et devant Fribourg, Villars, tout en priant son correspondant de « pardonner aux affaires qui lui faisaient le style laconique », s'occupait de la nomination des procureurs joints. « Je crois, dit-il, qu'il est de l'intérêt de la province qu'un aussi habile et aussi honnête homme que M. de Fréjus (le futur cardinal de Fleury) ait part à la direction de ses affaires. » Aussi lui écrit-

1. Lettre du 19 novembre 1728.
2. « L'on vous destine pour archevêque d'Aix, écrivait Villars le 17 juin 1729, M. de Brancas, évêque de la Rochelle. Vous ne sauriez croire combien le cardinal de Fleury m'a paru peiné de trouver un sujet pour remplir cette place. »

il pour le presser d'accepter. « Il m'a répondu, dit Villars, qu'en général c'eut été bien fait de le déclarer, sauf à lui à renoncer ensuite, s'il avait voulu s'en défendre. » En revanche, d'autres prélats posaient ouvertement leur candidature, qui n'était pas toujours agréée. « Vous m'avez écrit, dit Villars à Le Bret, que l'évêque de Digne faisait valoir ses vues pour être procureur joint; et en même temps vous m'avez fait connaître votre sentiment... Le nouvel évêque de Riez m'a écrit pour l'être... Je ne sais pourquoi M. l'archevêque d'Aix vous mande qu'il ne le désire pas. Vous dites que vous ne le connaissez pas, et je vois cependant que vous opinez plutôt pour lui que pour tant d'autres que vous connaissez[1]. » Il n'était pas facile, on le voit, de se concilier l'appui des autorités supérieures et de les mettre d'accord entre elles.

En 1724, il s'agissait de désigner un procureur de la noblesse. « Vous proposez M. d'Eguille, dit Villars à Le Bret, mais M. l'archevêque pense comme moi que pour la première assemblée, il faudra chercher dans la noblesse un commissaire qui ne soit pas en même temps homme de condition et homme de robe. » Cependant le gouverneur et l'archevêque qui est à Paris se mettent d'accord avec l'intendant. « L'archevêque dit qu'une autre fois, il conviendrait de prendre quelqu'un qui ne fut pas du Parlement;

---

1. Lettres des 29 septembre et 20 octobre 1713.

mais nous aurons du temps pour raisonner sur cela. Il me paraît que vous trouvez que ç'a toujours été des gens de robe qui ont eu de pareilles commissions [1]. »

Dans certains cas, le ministre, sur l'avis des autorités, prolongeait le pouvoir des procureurs du pays pendant un an. Le 20 août 1713, Villars transmet une lettre de Desmarets, qui est favorable à cette prolongation, et demande à ce sujet l'avis de Le Bret [2]. Mais il arriva en 1715 que l'assemblée générale nomma des procureurs nouveaux tandis que le ministère continuait les anciens. « Les anciens, dit le gouverneur, resteront en charge jusqu'à la réunion des États; ils céderont alors leur place aux autres [3]. »

Villars était en relations avec l'avocat ou le député que ces États entretenaient à Paris pour soutenir leurs intérêts ainsi qu'avec leur syndic, que la province maintenait « subordinément aux procureurs [4]. » En 1722, il recommandait le sieur de Rosni, avocat au conseil, gendre de M. Le Noir, pour remplir la place d'avocat aux conseils, vacante par la mort du sieur Lauthier [5]; il rappelait qu'il était

---

1. Lettres des 21 juin et 8 juillet 1724.
2. Voir à ce sujet, une lettre du 25 juin 1713.
3. Lettre du 13 décembre 1715.
4. Lettre de Le Bret du 19 mars 1714.
5. L'archevêque d'Aix en parlait ainsi en 1715 : « On dit que le sieur Lauthier, notre avocat, tourne le dos à la mangeoire. » La province avait un autre représentant à cette époque, le Sr Perreny. Il était malade et ne s'occupait plus de ses affaires. « C'est assez, disait l'archevêque, que la province soit pauvre sans qu'elle soit la dupe de

déjà chargé des affaires de la ville de Marseille. Dès avant 1714, le syndic des communautés de la province était un sieur de Beaumont. En 1728, il s'attira la colère de Villars en sollicitant en son nom une ordonnance qu'il faisait partir, sans que le gouverneur » en eut jamais rien appris que par les nouvelles de Provence. « Je suis persuadé, écrit celui-ci à Le Bret, qu'étant autant de mes amis que vous en êtes, vous aurez désapprouvé une conduite qui n'allait qu'à me décréditer dans la province et d'autant plus indigne que j'ai fait mille amitiés à cet homme. Comme c'est M. l'archevêque d'Aix qui le protège, je lui ai mandé que cette seule considération m'a empêché d'écrire à Messieurs les procureurs du pays s'il leur convenait d'avoir un député à la cour auquel le gouverneur de la province a été obligé de défendre sa maison. »

Il n'était pas bon d'encourir la disgrâce du maréchal. Il fit révoquer Beaumont. « Je ne lui ai pas pardonné sa très mauvaise conduite avec moi », écrivit-il à deux reprises différentes, le 19 et le 28 novembre 1728.

Il était aussi en relations avec les trésoriers des États; sans doute il était leur obligé, car il les soutenait au besoin contre les attaques dont ils étaient l'objet. Les trésoriers semblèrent jouer de malheur

personne. J'ai grand regret aux 1,600 francs que nous lui donnâmes de plus l'année dernière. » (Bibl. nat., fr., 8904.)

à la fin du XVIIe siècle et au commencement du siècle suivant; si les uns faisaient faillite, comme le trésorier Brun et l'un de ses successeurs [1], d'autres étaient poursuivis par les procureurs du pays pour malversations ou inexactitudes dans leurs comptes. Le trésorier Silvy, dont la gestion fut attaquée pour l'exercice de 1705-1706, était encore en procès pour cette gestion en 1723. Après sa destitution, Villars le prit pour son fermier de Martigues. Quand l'archevêque d'Aix l'apprit, il avoua à Le Bret qu'il en fut « un peu ébaubi. » « Je n'ai pu m'empêcher de lui dire, écrivit-il en parlant du maréchal, que je le trouvais bien hardi de se confier à une personne sur laquelle il y avait tout lieu de douter... Je vous dirai de confiance que les bienséances ne sont pas suffisamment gardées par rapport à la province; car si Silvy vient à gagner son procès, vous n'ôterez pas de la tête de tous nos Provençaux que les influences secrètes de M. le Maréchal de Villars n'y aient contribué [2]. »

Plus tard, en 1728, le maréchal prit ouvertement la défense d'un autre trésorier, Dugrou [3], contre les

---

1. Marchand, *Un intendant sous Louis XIV*, p. 152. — Marquis de Saporta, *La famille de Madame de Sévigné en Provence*, p. 98 à 103.

2. Lettre de Vintimille, du 10 mai 1715.

3. En 1712, les trésoriers étaient Dugrou et Dodun. En 1728, le bail de la trésorerie des États fut prorogé pour sept ans en faveur de Dugrou et Gauthier. (*Inv. arch. Bouches-du-Rhône*, C. 62 et 68.)

les procureurs du pays et l'archevêque, qui paraissait « fort irrité. » Villars demanda à Le Bret des renseignements « sur les plaintes, disait-il, que messieurs procureurs m'ont faites et très violentes contre le sieur Dugrou. J'ai examiné avec soin les divers mémoires, mais vous croyez bien, monsieur, que vos sentiments seront d'un grand poids dans mon esprit. Je voudrais fort que le sieur Dugrou n'eut pas tort; mais assurément, je ne protégerai pas mon propre fils dans ses torts, s'il était assez malheureux pour en avoir. »

L'affaire lui tient à cœur; car à plusieurs reprises il demande des renseignements à Le Bret. Enfin il en a reçu, et il peut répondre aux procureurs du pays. « Je trouve, dit-il à Le Bret le 21 décembre 1728, que l'accusation de voler et le terme même est trop violent pour les fautes qui lui sont imputées. J'en écris de même à l'archevêque. M. Dugrou aura dû remettre la trésorerie dès qu'il aura connu les mauvaises intentions qu'on a contre lui, et dans ces occasions-là, il ne faut pas qu'un profit de 1,000 écus par an oblige de souffrir un mauvais traitement. »

Cependant Dugrou restait en place. Au mois de février 1729, Villars écrivait : « Je trouverais très étonnant qu'on commençât par le destituer sur des accusations vaines et vagues sur lesquelles il offre de se justifier pleinement [1]...

1. « M. Dugrou est toujours persuadé que j'agis trop faiblement;

« Vous aurez trouvé dans toute ma conduite sur l'affaire Dugrou que le flegme dont vous n'êtes pas ennemi déclaré y a paru dans son entier. Les accusations violentes contre le sieur Dugrou m'ont déterminé à les approfondir; la forte instance du sieur Dugrou à demander les moyens de se justifier et les délais de ses ennemis à les accorder m'a (sic) fait impression, et bien que le sieur Dugrou puisse compter sur ma protection, je n'ai voulu la marquer que lorsque toutes les apparences m'ont fait voir qu'il la méritait. Je veux croire que M. l'archevêque d'Aix suivra les règles de la justice. C'est ce que doit désirer le sieur Dugrou. Le même flegme que vous aimez porte à sévir contre les fausses accusations. »

Il revient sur cette idée le 4 mars : « M. l'archevêque d'Aix lui doit justice. Et vous, monsieur, qui en êtes le chef, devez être en garde contre vous-même et contre les bontés que vous avez pour lui pour la lui rendre entière. Il ne faut pas craindre de paraître

---

mais mon caractère n'est pas de parler avec force sans savoir, et je n'aurais même pas écrit comme j'ai fait à M. l'archevêque et aux procureurs du pays, si je ne voyais par la suite de leur conduite qu'après avoir accusé de voler, M^{rs} les procureurs du pays agissaient mollement sur la preuve... Une accusation de crime sans preuve a dû vous déplaire. M. Dugrou s'imagine toujours que je devais prendre l'affirmative très haut et marquer mon indignation contre qui osent attaquer ceux qui me sont attachés. C'est à eux à faire voir qu'ils le sont injustement, et après cela à moi à agir. Je n'ai pas attendu tout à fait sa justification pour agir, mais il m'a suffi que les preuves ne fussent pas aussi vives qu'elles le devraient être. »

sévère contre ceux qu'on aime quand ils méritent votre sévérité ; il ne faut pas craindre aussi de leur être favorable quand ils méritent faveur... » A ces belles maximes, Le Bret répond froidement que les procureurs continuent l'examen des comptes de Dugrou, et qu'il n'y a rien autre à faire que de les prier de se presser le plus possible.

Cependant, Dugrou envoie à Villars « de nouveaux éclaircissements de ses comptes qui lui « font beaucoup de plaisir. » Il est heureux de n'avoir jamais ajouté foi aux calomnies, de le voir tiré d'une « affaire aussi violente », après avoir été exposé à pareille injustice [1]. Aussi lorsque les procureurs du pays, après un long examen, condamnent Dugrou à payer des intérêts, le maréchal prend-il feu, et le 29 août, écrit-il à l'intendant : « Je vous dirai en deux mots qu'après avoir accusé authentiquement un trésorier de la province de l'avoir volée, bien loin de voir aucun vol prouvé, il est seulement statué qu'il lui sera demandé des intérêts, que plusieurs consultations d'avocat déclarent qu'il ne doit pas... il faut punir les accusateurs... Votre flegme très convenable au pays que vous habitez ne vous permet pas la vivacité qui m'est naturelle; mais cependant vous êtes obligé d'en avoir dans l'occasion présente et de renoncer un peu à ce flegme naturel. Pour

---

[1]. Lettres des 25 avril et 9 mai 1729.

moi, qui me suis bien trouvé en quelques occasions d'en avoir, malgré les périls où je sais que l'on s'expose par la vivacité, je la dois à M. Dugrou et il la trouvera telle que l'on peut désirer. Si elle ne réussit pas, ce ne sera pas ma faute. »

Aussi, pris d'un beau zèle, Villars compte recommander Dugrou au cardinal de Fleury; il en parle au contrôleur général. « Pour moi, répète-t-il, je le soutiens ainsi que l'équité m'y oblige, c'est-à-dire hautement. » Aussi est-ce avec dépit qu'il reçoit quelques jours après une lettre des procureurs du pays qui déclarent que Dugrou est leur débiteur de 30.161 l. L'affaire n'était pas terminée au mois de novembre. « Nous verrons qui aura tort ou raison, écrit Villars à Le Bret. Votre avis décidera sans retour... Persuadé que la plus exacte justice réglera vos sentiments, je les soutiendrai avec la hauteur convenable; il faut punir le voleur ou l'accusateur[1]. »

Nous avons reproduit, malgré leurs redites, de nombreux extraits de la correspondance de Villars sur cette affaire, parce qu'ils montrent avec quel mélange de vivacité et de justice il intervenait dans les questions administratives de la province. Il n'était pas totalement impartial; il ne dissimulait pas ses vues personnelles; mais il savait les faire céder à de hautes considérations d'équité, et savait déférer à propos à des avis motivés. Sans doute chez lui, les

1. Lettre du 22 novembre 1729.

grandes maximes étaient souvent des sortes de draperies derrière lesquelles il masquait ses sentiments réels. Plus que nul autre, il tenait à son crédit, à son influence et à son autorité justement acquise, et il ne faut le croire qu'à moitié, lorsqu'il disait à Le Bret :

« Du reste, je ne désire que le bien de la Provence, ne me souciant en aucune façon du monde d'y avoir du crédit, et vous savez qu'il n'a encore été utile à personne ce crédit [1]. Je suis dans la même indifférence sur celui que je pourrais avoir à la cour. Je connais par mon expérience que la reconnaissance n'est pas toujours bien vive. Je rends donc les occasions et les témoignages que je dois au mérite et à la vérité, et Dieu sur tout [2] ! »

---

1. Était-ce bien exact, et l'aurait-il avoué si c'eût été vrai ? Pour ne citer qu'un fait, le Président de Piolenc écrit à Le Bret, en 1714, que Villars « lui a rendu un service important auprès du roi ». — Voir aussi plus haut, p. 20.

2. Lettre du 29 novembre 1728.

CHAPITRE IV

Le lieutenant général et les gouverneurs de villes.

Les relations de Villars avec le lieutenant général de Provence, les gouverneurs des villes, les lieutenants du roi et les majors, qui dépendaient immédiatement de son autorité, paraissent avoir été moins nombreuses et moins suivies qu'avec l'intendant et les agents des États, qui ne lui étaient pas directement subordonnés. Lorsqu'il fut nommé gouverneur, la lieutenance générale était exercée depuis plus de quarante ans par le comte de Grignan, qui doit à sa belle-mère, Mme de Sévigné, sa principale notoriété. Grignan avait parmi ses contemporains une grande réputation d'honneur, de bravoure, d'intégrité, d'activité; mais, remplaçant le gouverneur presque toujours absent, il voulait dominer dans sa province où il résidait d'ordinaire. Il s'était fait des attributions étendues que sa correspondance atteste : répression du brigandage, arrivages des blés, mesures sanitaires et quarantaines, nouvelles de la Méditerranée, de Constantinople et d'Italie, arrivées de vaisseaux anglais, débarquement de Turcs à Marseille, gardes pour veiller à la sécurité des bâtiments qui se rendent à la foire de Beaucaire, réception des princes et des princesses qui traversent la Provence, convocation des assemblées des communautés [1], il signale tout, il veille à tout, il pénètre partout; il cherche également à intervenir dans les élections municipales, il rêve « d'anéantir le Parlement, » et s'aliène parfois les magistrats par ses exigences et ses prétentions.

En 1711, les membres du parlement d'Aix, irrités de ses usurpations et de ses procédés, refusèrent d'aller chez lui « aux heures où l'on se rend chez un homme comme lui pour contribuer à son divertissement ou s'y divertir soi-même [2]. » Le Bret se plaignit de ces tracasseries, suscitées par l'attitude du lieutenant général. Ce n'était pas la seule qu'il eût à signaler. En 1713, les échevins de Marseille avaient traité Grignan de Monseigneur, lors de la publica-

1. Archives nationales, G⁷ 479, 480.
2. Le Bret excusait ses collègues de leur conduite, en écrivant au secrétaire d'État de Torcy : « En quoi on n'aurait rien fait que de très conforme à la sévérité des mœurs que les gens de robe font fort bien d'affecter... en fuyant avec soin les occasions de se dissiper. Pour ce qui est des femmes... il est à présumer que les dames en usent à l'égard de M. de Grignan depuis la mort de Madame sa femme comme elles en usent à mon égard depuis que le même malheur m'est arrivé. » (Lettre du 13 avril 1711. Bibl. Nat.)

tion de la paix. Le gouverneur de Marseille, le marquis de Pilles, remplaça le mot de monseigneur par celui de monsieur. Colère de Grignan, qui fit une mercuriale à de Pilles et lui défendit de venir chez lui, « quand le service du roi ne l'exigerait pas. » Lorsqu'il mourut, il était en discussion depuis six ans avec les consuls de Sisteron[1].

Malgré ses appointements de 1,729 l. par mois, y compris 729 l. pour l'entretien de sa compagnie de vingt gardes, malgré les 12,000 l. qu'il s'était appropriées sur le traitement du gouverneur de la province, Grignan s'était ruiné par son désir de soutenir son rang et de représenter. En 1714, il fit les honneurs de Marseille à la reine douairière de Pologne, qui séjourna incognito dans cette ville avec sa petite-fille, la princesse Sobieska. « Je continue, écrivit-il à ce sujet, tous mes soins pour remplir les devoirs qui peuvent trouver place au travers de l'incognito et pour montrer en cette occasion un échantillon de la grandeur de la France. » De tout temps, il avait exercé une hospitalité fastueuse dans son vaste château de Grignan, où il entretenait des musiciens et des comédiens attitrés, sans compter les commensaux et les parasites; mais lorsque l'État et la province furent épuisés en 1706 par les dépenses de la guerre, il n'hésita pas, comme le fit du reste Le Bret, à faire

---

1. Lettre de Villars du 3 avril 1715.

fondre sa vaisselle d'argent pour en verser le produit dans les caisses de l'État; en 1707, à l'âge de soixante-dix-huit ans, il se distingua devant Toulon, dont il contribua plus que nul autre à faire lever le siège par son habileté et sa bravoure [1]. Villars lui témoigna toujours la considération que méritaient son âge et ses services; aussi lorsqu'il mourut subitement à la fin de l'année 1714, contribua-t-il sans doute à faire donner sa charge à son gendre, le marquis de Simiane. Celui-ci passait pour « n'être pas fort bien » avec Le Bret. Le maréchal lui écrivit à ce sujet : « Vous savez à quel point je désire la concorde, et je vous y crois encore plus disposé que moi [2]. » Simiane exerça peu de temps ses fonctions; il mourut au commencement de l'année 1718 et fut remplacé par le marquis de Brancas.

Outre le lieutenant général, il y avait en Provence quatre lieutenants de roi, qui correspondaient directement avec le ministre. Villars s'en étonne quelque peu. « M. de Torcy, écrit-il, adresse les ordres aux quatre lieutenants de roi, chacun en leur district [3]; il ne m'a pas bien expliqué ce que c'est que ces ordres. Il m'avait dit que lorsqu'il n'y avait pas de

1. Mis de Saporta, *La famille de Mme de Sévigné en Provence*, p. 96, 148, 190.
2. Lettre du 27 novembre 1715.
3. Arles, Marseille, Grasse, Aix. En 1718, les titulaires étaient pour les trois premiers districts de Buous, le comte du Luc, le marquis de Causans.

troupes, il n'y avait pas d'ordres à donner; mais je crois qu'il y a quelque détail qu'on ne m'a pas bien expliqué... Aucun d'eux ne m'a rien mandé¹. » Il résulte de cette lettre que les lieutenants de roi ne se croyaient pas obligés de consulter le gouverneur sur les ordres qu'ils recevaient du secrétaire d'État.

Les places frontières, les forteresses et les principales villes avaient des gouverneurs, qui pour la plupart ne résidaient pas et se contentaient de toucher les appointements de leur charge. C'est ainsi que Villars s'était fait donner les gouvernements de Toulon et de Saint-Tropez², et qu'il obtint plus tard celui de la Tour de Bouc ainsi que ceux de la citadelle de Marseille et du fort Saint-Jean, laissés vacants par le décès du premier écuyer du roi, le marquis de Beringhen. Les îles de Porquerolles avaient été attribuées au comte du Luc; Lérins, au marquis de Sauvetaire³; Antibes, au marquis de Janson; ces charges de gouverneur étaient pour la plupart des titres honorifiques et lucratifs, et l'on aurait pu appliquer à plus d'un

1. Lettre du 13 février 1715.
2. Ses provisions comme gouverneur de Saint-Tropez sont aux archives des Bouches-du-Rhône, B. 121. — *État de la France*, 1718, t. III, p. 393 et suiv.
3. Citadelle de Marseille : De Puget, commandant, 1,300 l.; de Villars, major, 562. — Fort Saint-Jean : De Grand'maison, commandant 900 l.; de Villemandy, major, 281. l. 5 s. — Colmars, De Gargas, commandant, 375 l. — Yères : Bernard, commandant, 900 l. — Entrevaux : De Voyres, commandant, 650 : De Beauregard, major, 210. — Toulon ; Dupont, commandant, 3,000 l.; etc. En 1728. (Bib. Nat., fr., 8936.)

des châteaux qui avaient un gouverneur les vers que Chapelle et Bachaumont avaient consacrés au fort de Notre-Dame de la Garde :

> Gouvernement commode et beau
> A qui suffit pour toute garde
> Un suisse avec sa hallebarde
> Peint sur la porte du château.

Dans les forteresses plus importantes, l'autorité était exercée par un commandant, un lieutenant de roi ou un major, qui résidaient. Ils touchaient des appointements qui variaient de 210 à 3,000 fr. A Marseille, à Toulon, ils avaient des aide-majors. Le gouverneur de Marseille, le marquis de Pilles, recevait 4,500 fr. du roi, sans compter 1,116 fr. de droits divers [1]. A Hyères, le commandant louait moyennant 800 l. au domaine du roi un jardin, dont les fruits lui rapportaient beaucoup. Ses fonctions paraissaient du reste à tel point inutiles, que Villars, à la mort du titulaire en 1715, fut d'avis de les supprimer [2].

En 1716, un règlement homologué par Villars, pendant son séjour en Provence, détermina les droits et les attributions du gouverneur de Marseille. Ce règlement entrait dans des détails minutieux sur le prix

---

1. Lettres de Villars et de Le Bret de juin 1729. — Le marquis de Pilles venait de mourir, et Villars disait que « son gouvernement était bien démanché et serait remis sur l'ancien pied. »

2. Lettres des 30 septembre et 20 octobre 1715. — Villars écrit à cette dernière date, qu' « il y aurait quelque injustice à priver les héritiers de M. Bernard de jouir du reste du bail qui lui avait été fait. »

qu'il devait payer la viande et le bois sec; il le chargeait de veiller à ce que toutes les denrées fussent apportées au marché, et permettait à son maître d'hôtel de s'y pourvoir le premier. Les habitants avaient le droit de chasse et de pêche dans l'étendue du terroir de la ville, à l'exception d'une partie réservée par le gouverneur. Celui-ci était tenu de veiller à l'ouverture et à la fermeture des portes, de contenir les troupes et de les empêcher de faire aucun dégât; il pouvait faire emprisonner les habitants, lorsqu'ils désobéissaient aux ordres du roi. Villars, visant ce règlement, fixa l'étendue de la réserve de chasse, décida que « les portes de la ville seraient ouvertes du petit point du jour à la nuit close, » et que « le gouverneur n'emprisonnerait aucun habitant, à moins que le cas ne fût grave, dont il informerait le commandant de la province [1] ».

Des contestations s'élevaient souvent entre les commandants et les municipalités, pour des questions d'attributions, de préséance, de chasse. C'est ainsi qu'en 1718, le marquis de Pilles, gouverneur de Marseille, eut une querelle de préséance avec l'un des échevins, Boselli. Villars intervint : « M. de Pilles, écrivit-il, n'exigera pas une satisfaction onéreuse au chaperon; mais tout au moins Boselli devra lui faire des excuses. » Les échevins prirent fait et cause

1. *Règlement pour le gouverneur de Marseille*, imp. à Aix — L'ordonnance de Villars qui suit est du 31 mars 1716.

pour leur collègue, et les difficultés ne s'apaisaient pas. « Il me paraît, disait Villars, que les échevins de Marseille font beaucoup de difficultés à M. de Pilles, dont ils pourraient se passer [1]. » D'autres gouverneurs prétendaient se faire adresser la parole par les prédicateurs. Le maréchal avait ouï dire que M. de Grignan l'avait fait, et « qu'aussitôt feu M. de Forville puis le chevalier de Montauban avaient prétendu la même chose. A la Seyne, le curé avait tenu tête bien vertement sur cet article » à ce dernier. « Si c'est un usage, ajoutait le maréchal, il est nouveau [2]. »

Des différends s'élevaient aussi entre les commandants et les officiers placés sous leurs ordres. En 1726, le sieur de Saint-Clément « affectait de morguer son commandant en toutes occasions ». « Je recevrai incessamment les ordres de M. le Duc, là-dessus, écrit Villars, qui en est informé, et je vous manderai ce qu'il estimera nécessaire pour contenir tout ce monde dans le devoir... Je vous envoie, à cachet volant, la lettre que j'écris à M. Bernard (c'était le commandant d'Hyères) que vous aurez la bonté de lui faire remettre »... et le maréchal ajoutait en post-scriptum : « Il ne faut pas que M. de Saint-Clément, qui est fort vif, gâte sa première conduite par une conduite plus mauvaise encore. Vous verrez si vous ne jugez pas à

1. Lettres des 12 février, 11 mars et 29 avril 1718.
2. Lettre du 3 avril 1715.

propos de le faire avertir pour qu'il satisfasse de bonne grâce à ce qu'il doit en cette occasion [1]. » Villars, comme on le voit, répugne à sévir ; dans ses relations avec les officiers qui lui sont subordonnés, il cherche à concilier, à provoquer le repentir et l'amendement plutôt qu'à frapper. En 1726, le marquis de Pilles se plaignit vivement de la conduite du major du château d'If, nommé Cavallier. Villars, qui avait fait nommer ce dernier, sur la recommandation de l'archevêque d'Aix et de Beaumont, lui témoigna vivement son mécontentement. « Je lui ai écrit, dit-il, de manière à le rendre sage et je ne vois rien de mieux pour lui que de le devenir. » Il est probable qu'il ne le devint pas ; car neuf mois après, Villars disait : « Cavallier a bien mérité sa destitution[2]. »

Mais les municipalités et les habitants se plaignaient plus souvent des commandants militaires que ceux-ci ne se plaignaient de leurs officiers. Villars reconnaissait qu'ils étaient plus nuisibles qu'utiles. « Il n'y a rien de plus désespérant, écrivait-il en 1715, que ces commandants ; ils ne sont bons qu'à produire de la tracasserie... Pendant la paix, dit-il en parlant de ceux des frontières, tout cela devrait être retranché... Je connais les manières des commandants ; je sais fort bien que l'intérêt a toujours la première part à leurs différends avec les peuples. C'est ce qui fait que

1. Lettres des 7 et 10 août 1724.
2. Lettres des 7 juin et 16 juillet 1726, du 29 avril 1727.

je me suis opposé à la demande du commandant du fort Saint-Vincent lequel avait grande envie de commander dans la vallée de Barcelonnette. » Mais il ne persiste pas dans son idée, et le 26 avril 1715, il dit : « Je crois que le roi nommera pour commander dans la vallée de Barcelonnette M. de Montet qui commandait à Nice. C'est un très honnête homme et que je connais fort désintéressé. J'avais assez d'envie qu'il n'y ait pas de commandement; mais on a représenté à M. le Chancelier comme il fallait de toute nécessité qu'il y eût quelques compagnies d'infanterie dans le coin de ce pays-là, que chaque capitaine serait un petit tyran et qu'un homme les contiendrait et empêcherait les petites vexations. Je suis assuré que celui-là n'en fera aucune[1]. » Et Villars ajoute quelques jours plus tard : « Comme on fait donner 6,000 fr. par an au commandant de la vallée de Barcelonnette, je suis sûr qu'il ne prendra pas sur le pays[1]. »

Les abus auxquels Villars voulait remédier persistèrent presque tous; en 1721, il recevait encore des « plaintes affreuses » sur la conduite des petits commandants. « L'on peut compter, dit-il, parmi les malheurs de la province la persécution de plusieurs petits commandants et l'abus qu'ils font de leur autorité. Je ne dois pas oublier M. le chevalier de Montauban, dont il m'arrive plainte sur plainte de tous

---

[1]. Lettres des 29 mars, 3, 15 et 21 avril, 6 mai 1715.

les habitants de son gouvernement. « Les progrès de la peste et les craintes qu'elle inspirait avaient fait donner aux autorités militaires une sorte de pouvoir discrétionnaire, dont les populations souffraient. Villars se crut obligé d'en parler au Régent : « Son Altesse Royale, dit-il, est très disposée à rappeler les petits commandants et à remettre tout dans l'ordre accoutumé[1]. » En cette circonstance, comme en beaucoup d'autres où ses intérêts particuliers ne sont pas engagés, Villars intervient en médiateur et en protecteur des peuples, dont il est le gouverneur.

1. Lettres des 8 juin, 9 et 23 août, 30 septembre 1721.

CHAPITRE V

Les appointements du gouverneur.

Villars était loin d'être étranger à la préoccupation de ses propres intérêts. Le gouvernement d'une province était surtout une dignité lucrative. Les fonctions pouvaient être à peu près nulles; les appointements étaient considérables. Si Villars avait la prétention d'exercer quelque peu les fonctions, il n'avait garde de négliger les appointements. Il était fastueux, libéral, magnifique; il avait le goût de l'argent, non pour l'accumuler, mais pour le dépenser. S'il le répandait avec éclat, il le recherchait sans scrupule. Dans ses campagnes, il ne s'était pas fait faute de piller les pays conquis. Saint-Simon l'accusait d'avoir montré « sous une magnificence de Gascon, une avarice extrême, une avidité de harpie ». On disait qu'il faisait du butin trois parts : l'une pour payer son armée, la seconde pour les fournisseurs arriérés, la troisième, comme il le disait, « pour engraisser son veau ». On lui reprochait des spéculations heureuses sur des chevaux réformés. Louis XIV en fut informé. — Le maréchal de Villars fait bien ses affaires, lui dit-on. — Oui, répondit le roi, mais il fait bien les miennes.

Le maréchal ne pouvait donc être insensible aux appointements du gouvernement de Provence. C'est une de ses principales préoccupations, et, de prime abord, il ne la dissimule point à Le Bret : « Vous me faites espérer quelque éclaircissement sur ce qui peut regarder mes intérêts. Je vous serai obligé de vouloir bien me l'envoyer. J'y suis fort peu attaché, mais je tiens d'être informé de ce qu'on doit avoir ou laisser aux autres, et ne faire jamais aucun bien ni mal par ignorance[1]. »

Villars avait beau protester qu'il était peu attaché à ses intérêts; il était bientôt forcé d'avouer qu'il n'y était pas indifférent. « M. de Vendôme, écrivait-il, le 8 novembre 1712, très respectable en bien des choses, ne faisait pas grand cas des détails, et moins encore de ceux qui pouvaient regarder ses intérêts que des autres. Pour moi, Monsieur, je suis dans des principes différents. Je vous prie donc de m'envoyer un état bien juste de tout ce qui compose le revenu du gouvernement de Provence, tant ce qui est destiné pour le gouverneur que pour d'autres émoluments ou sous le nom des capitaine et officiers de ses gardes. Ce que je puis vous dire, c'est que

1. Lettre du 29 novembre 1712.

l'on veut croire que ce gouvernement vaut près de 80,000 l. de rentes. Tout ce que je sais de bien net, c'est les 51,000 fr. que paient les États, et quelque chose des villes et terres adjacentes qui ne sont pas du corps de la province. Pour cela, il faut peut-être remonter au frère de M. de Vendôme, car pour lui, il n'a jamais rien su de ses affaires; s'il y a un présent, à l'avènement, comme à celui des évêchés, que j'ai eu en dernier lieu, la ville de Metz donnant 12,000 l.... »

Le Bret s'empresse de renseigner Villars. A partir de 1635, les États donnaient 51,000 l. aux gouverneurs qui s'étaient succédé depuis cette époque : le maréchal de Vitry, M. d'Angoulême, le cardinal de Vendôme, le duc de Vendôme. Celui-ci, nommé en 1669, ne vint en Provence qu'en 1681. Les États lui offrirent un présent de 20,000 l.; il les refusa, et le roi l'approuva. Il aurait pu tirer 12,000 francs des terres adjacentes; mais Grignan se les était attribuées, et Vendôme les lui laissa « par des considérations qu'il avait » pour lui. On ne savait pas trop comment cette somme était remise à Grignan; on croyait que c'était de la main à la main, en retirant les ordres de modération qu'il accordait aux communautés.

Si Villars tenait à l'argent, il savait respecter les convenances. « J'aimerais mieux perdre de mes appointements, répondit-il, que de faire diminuer en rien tout ce que pourrait avoir M. le comte de Grignan ou rien faire qui pût donner aucun chagrin à un homme respectable comme lui. Mais entre vous et moi, je suis bien aise de savoir tout... Gens de la famille même de M. de Grignan m'ont dit qu'il avait 15 ou 16,000 l. d'extraordinaire, que M. de Vendôme, n'ayant jamais mis le pied en Provence que pour traverser le pays en poste, avait ignoré, comme il ignorait toutes ses autres affaires et même la nature de son bien, au point que s'étant marié principalement pour priver la maison de Savoie de sa succession, ses biens de Normandie reviennent tout entiers à M. le duc de Savoie, son bon et cher ami... Je ne suis pas du tout intéressé, et assez connu sur ce pied-là, mais je suis homme d'ordre [1]. »

La question touche Villars plus qu'il ne le dit. Quelques jours après, il y revient. Il ne revendique pas les 16,000 fr. de M. de Grignan; mais il veut savoir la vérité [2]. Il rappelle que le roi lui a aussi donné les gouvernements de Toulon et de la citadelle de Saint-Tropez que possédait Vendôme. Ces deux gouvernements, selon les informations de l'intendant, sont payés 4,720 l.; mais Mme de Vendôme, du moins la première année, a droit à 4,000. » Villars recommande de ne rien faire à ce sujet que par son ordre; car, dit-il,

1. Lettre du 15 décembre 1712.
2. Lettre du 25 décembre 1725. — A la mort de Grignan, Villars n'eut garde d'oublier ses 12,000 fr. de pension. Il écrivit le 4 février 1715 en parlant de la pension. « Est-ce du roi ou des terres adjacentes? Si c'est du roi, cela ne me regarde point; si c'est des terres adjacentes je compterai d'en profiter. »

« quand une fois on a touché, il n'est pas aisé de faire rendre[1] ».

Toucher ses appointements, c'est pour Villars une réelle préoccupation. « Je vous supplie, écrit-il, le 5 avril 1713 à Le Bret, de me faire l'honneur de me mander quand je pourrai être payé de ma première année... Un mois plus tôt ou plus tard ne me presse pas... Je donnerai bien volontiers à M. Dugrou plutôt six semaines de retardement que de les demander d'avance; il faudra seulement prendre des mesures pour que les diminutions d'espèces apparentes et prochaines ne lui fassent aucun préjudice, ni à moi non plus[2]. »

Le Bret ayant répondu que ces paiements se feraient, « comme d'usage », par quartiers, Villars insiste. Il part le 19 mai pour l'Allemagne, à la tête d'une armée; il demande qu'on avertisse Dugrou de lui payer incessamment tout ce qui doit lui revenir des appointements de l'année présente. On lui annonce bientôt que les 51,000 fr. lui seront adressés à Paris. Le 20 juin, il s'inquiète de ce qu'ils n'y sont pas encore parvenus; le 15 juillet enfin, il en envoie les quittances, et remercie du paiement annoncé. Les soins de la guerre ne lui font pas oublier ses propres intérêts.

---

1. Lettre du 6 février 1713. Post-scriptum.
2. Les diminutions de la valeur des monnaies, fréquentes à cette époque, jetaient le trouble dans les paiements.

Son secrétaire, Gally, n'oublie pas non plus les siens. Il avait droit, comme ses prédécesseurs, à une gratification de 15 à 1800 fr. Il aurait voulu davantage, et, comme son maître, il ne craignait pas de demander.

Le 3 janvier 1715, en offrant ses souhaits de bonne année à Le Bret, il lui écrivit :

« Permettez-moi d'avoir l'honneur de vous demander une gratification convenable. Tous mes amis m'accusent de nonchalance pour mes intérêts, et c'est uniquement sollicité par eux que j'ai l'honneur de vous écrire aujourd'hui. Car j'ose vous avouer, Monsieur, que je n'aime pas à demander, et je ne vois de ressource pour obtenir quelque grâce de la province que vos bontés en pareille occasion. Je vous les demande avec instance et de croire que l'intérêt est moins ce qui me touche que des marques de quelque distinction, et je serai toujours content, quelque chose qui arrive, pourvu que vous ne désapprouviez pas la liberté que je prends de vous avoir écrit sur de petites choses que l'on me dit tous les jours de ne point négliger. »

Sous des formes plus obséquieuses et plus humbles, on reconnaît la manière d'agir du maréchal, protestant de son désintéressement, afin de mieux aborder la question d'argent. Villars était toujours disposé à ne rien céder de ses droits, et à toucher tout ce qui devait lui revenir. Il avait écrit à l'archevêque d'Aix qu'il ne voulait pas de réception et pas de présent, lorsqu'il irait en Provence, et, en même temps, il lui demandait si ce n'était pas 40,000 fr. qu'on donnait en pareil cas. L'archevêque s'était empressé de lui dire que si le cardinal de Vendôme avait accepté 20,000 fr., le duc de Vendôme n'avait rien pris; mais il ne croyait pas toutefois avoir persuadé Villars. Il en avertissait Le Bret en disant : « Il n'y a qu'à vous laisser faire. Je suis persuadé que c'est une divinité qu'il faut avoir pour soi. Le bien et l'avantage de la province le demandent[1]. » Aussi lorsque « la divinité » honora la Provence de sa présence, tout ce que put faire le procureur assesseur dans sa harangue, ce fut de rappeler timidement l'exemple du duc de Vendôme, refusant le présent de 20,000 livres que les états du pays avaient coutume d'offrir à chaque nouveau gouverneur. — Que parlez-vous de M. de Vendôme, lui répliqua Villars; c'était un homme inimitable [2]. — On voit par sa correspondance que

1. Lettre du 5 août 1715, de Vintimille à Le Bret. Bib. nat. fr. 8905.
2. Un gouverneur pouvait sans doute se passer de la permission du roi pour accepter des présents. En 1688, Colbert de Croissy écrivait au père de Le Bret : « M. de Grignan a supplié le roi de s'expliquer sur ses intentions touchant des présents qui lui ont été offerts dans le comtat Venaissin; mais Sa Majesté veut auparavant que vous sachiez si ces présents sont d'usage et si M. de Merinville les reçut avec sa permission en l'année 1663. — Lorsque j'ai été à Avignon, répondit Le Bret, on m'y a offert divers présents; on a voulu aussi en répandre parmi mes domestiques et mes gardes; on m'en préparait aussi à Carpentras et dans les autres villes du Comtat, selon la coutume; mais aussi suivant celle qui a toujours eu lieu chez moi, tout a été re-

Villars, sous le rapport de ses intérêts privés, n'avait jamais été tenté de l'imiter.

Aussi n'eut-il garde de refuser les dons moins importants que la courtoisie non moins que l'usage faisaient offrir aux grands personnages dans les villes où ils entraient. Lorsqu'il vint à Marseille en 1716, les échevins lui firent remettre un présent extraordinaire en vins, confitures et bougies, quelques pièces de damas cramoisi de Gênes et de tapis à fond d'or de Turquie [1]. La chambre de commerce, pour lui témoigner sa reconnaissance de la protection qu'elle sollicitait de lui, lui offrait des fichus brodés en or, des étoffes de Perse, des toiles piquées et des ceintures de soie du Levant, d'une valeur de 2,000 livres, en s'excusant de ne pouvoir lui en donner davantage. La même chambre envoyait plus tard au gouverneur comme au ministre, qui lui rendaient de bons offices à la cour, un quintal et demi de café, des barils d'huile, du thon et des soles marinés, des pots d'anchois et des bouteilles d'olives [2]. D'autres présents lui étaient faits par les municipalités, notamment par les consuls de Toulon.

Villars ne se contentait pas d'accepter; il savait

---

fusé. » (Bib. nat., fr., 8832.) L'intendant était plus fier que Grignan et que Villars.

1. Méry et Guingnon, *Hist. des actes... de la municipalité de Marseille*, t. VII, p. 493.

2. O. Teissier, *Inv. des archives historiques de la chambre de commerce de Marseille*, p. 263, 269.

aussi demander. Son âpreté fut vraiment excessive lorsqu'il voulut prélever un supplément de traitement de 6,000 livres sur les pauvres communautés d'habitants de la vallée de Barcelonnette.

CHAPITRE VI

La vallée de Barcelonnette.

La vallée de Barcelonnette avait été attribuée à la France par la traité d'Utrecht, en échange d'une petite portion du Dauphiné, située au delà des Alpes et donnée au duc de Savoie. Il restait à savoir à quelle province française la vallée serait rattachée. Le Dauphiné et la Provence la réclamaient; le Dauphiné la demandait comme une compensation au territoire qui lui avait été enlevé; la Provence pouvait faire valoir la situation géographique de Barcelonnette, qui dépendait du bassin de la Durance. De part et d'autre, les parlements se la disputaient, afin d'agrandir par son adjonction leur ressort et leur clientèle. Le parlement de Provence devait l'emporter, soutenu, comme il l'était, par le gouverneur, que son intérêt non moins que ceux de la province pouvaient engager à plaider chaleureusement sa cause à la cour.

A plusieurs reprises, dans le cours de l'année

1714[1], Villars parle de cette affaire; il en presse la solution dans les bureaux du chancelier : « Un vieux commis, insupportable par sa longueur, nous fait enrager pour faire un extrait des affaires de Barcelonnette et d'Orange[2]. » C'est que Villars et le parlement d'Aix désiraient aussi qu'on réunît à la Provence la principauté d'Orange également attribuée à la France. Mais on ne peut tout obtenir. Orange fit partie du Dauphiné.

« Le roi m'a annoncé, écrit Villars le 24 décembre, que Barcelonnette était donnée à la Provence; mais la raison que l'on tire plus des pays d'élections que des pays d'états a failli nous priver de Barcelonnette[3]. »

La majorité des habitants de la vallée paraît avoir pensé de même. Elle avait envoyé des députés à Paris pour faire connaître ses vœux. Mais bientôt les communautés assemblées les accusèrent de s'occuper plus de leurs propres intérêts que de ceux de la vallée, et une partie de la population voulut révoquer

---

1. Lettres des 7 mai, 2 et 16 octobre, 9 novembre, 24 décembre 1714. — Voir aussi des Mémoires, sur ce sujet, aux Archives des affaires étrangères, France, n° 1731.

2. « L'opiniâtreté d'un commis du chancelier nous met fort en colère, M. de Piolenc et moi; mais nous ne voulons pas le mettre en colère. » (Lettre du 16 octobre.)

3. Voir Arrêt du conseil du 11 janvier 1716 portant règlement pour la vallée de Barcelonnette réunie à la Provence et à son parlement par la déclaration du 30 décembre 1714. — Archives des affaires étrangères, n° 1732.

LE PRÉFET DE LA VALLÉE 61

leurs pouvoirs, tandis qu'une autre exprimait le désir qu'ils leurs fussent maintenus [1]. Le principal magistrat des communautés de la vallée était un préfet, nommé pour trois ans, et à qui ressortissait l'appel des jugements des magistrats locaux [2]. Le préfet en exercice, lors de l'annexion, se nommait Honnorat; il était en même temps subdélégué à Seyne, et il se montra sans doute très dévoué aux intérêts de Villars, car celui-ci le fit maintenir à plusieurs reprises dans ses fonctions, malgré les intentions de l'intendant lui-même.

« Plusieurs personnes m'ont mandé, écrivait Villars à Le Bret le 24 novembre 1717, que M. Honnorat était digne d'être continué dans ses fonctions de préfet de la vallée de Barcelonnette... Comme j'ai trouvé que vous aviez trouvé très convenable de le continuer la seconde fois, j'ai demandé qu'il le fût une troisième, ce qui a été accordé... Cependant, je vois que vous en avez proposé un autre à M. le Chancelier... J'ai déjà mandé au sieur Honnorat et à ceux qui m'ont écrit en sa faveur que l'ordre était envoyé, de sorte que me voilà *comis*; vous savez l'intérêt que j'ai, vu les mauvaises dispositions des esprits dans la

---

1. Lettre des consuls de Barcelonnette à Le Bret, du 26 juillet 1714. Bibl. nationale, f. fr. 8902.
2. Sur l'administration de la vallée de Barcelonnette voir une liasse des Archives nationales, G⁷ 481. Le préfet avait été institué en 1611. (De Villeneuve Bargemont, *Voyage dans la vallée de Barcelonnette*, p. 48.)

vallée de Barcelonnette, de ne pas changer légèrement. Vous savez comme je concours avec vous dans tout ce que vous croyez le bien du service. Je vous prie de me mander ce que vous pensez de cette aventure, laquelle ne me fait de peine que parce que j'ai mandé au sieur Honnorat qu'il était continué. »

Le Bret avait, en effet, présenté un autre candidat; il céda devant la volonté du maréchal, avec l'assurance que son candidat serait nommé trois ans plus tard. Mais trois ans plus tard, Honnorat étant mort, ce fut son gendre, Isoard de Saint-Jean qui obtint la place. Il avait fait valoir la ruine de son beau-père par suite de la guerre et son désir de se « refaire un peu au moyen des petits bénéfices que l'on accorde au préfet ». Le Bret rappelle les droits de son candidat, mais sans plus de succès; il eut même la mortification de voir au premier terme triennal Isoard de Saint-Jean maintenu dans ses fonctions [1].

Pour agir comme il le faisait dans cette circonstance contre les désirs de l'intendant, il fallait qu'Honnorat eût rendu de signalés services à Villars. Il avait sans nul doute soutenu ses intérêts contre les réclamations des habitants de la vallée, qu'un arrêt du conseil avait obligé de payer 6,000 livres par an en supplément d'appointements au gouverneur de Provence. C'était une lourde charge pour

1. Lettres de Le Bret au garde des Sceaux, du 15 juillet 1719; de Villars, du 21 janvier 1720. (Bibl. nat., f. fr. 3499.)

les paysans de cette région reculée des Alpes ; ils essayèrent de résister par les voies légales, et s'adressèrent au roi, comme au protecteur suprême des intérêts des faibles.

« Les pauvres habitants de la vallée de Barcelonnette, dit l'avocat Fleury, qui rédigea leur supplique, remontrent très humblement à Votre Majesté que M. le maréchal de Villars, gouverneur de Provence, ayant surpris un arrêt du conseil et des lettres patentes le 30 mai 1717, qui, sans en avoir entendu les suppliants, ni leurs facultés, ni leurs malheureuse situation, ordonnent qu'ils lui paieront annuellement une somme de 6,000 livres, sous prétexte d'augmentation du territoire de son gouvernement. Les habitants ont formé opposition à cet arrêt et à l'enregistrement de ces lettres patentes, au parlement d'Aix, sauf à eux à se pourvoir sur cette opposition... (mais nonobstant les règles établies des oppositions), le duc de Villars ne laisse pas de faire exécuter cet arrêt sur requête, par la vente de tout le bétail de ces pauvres habitants, et par ce moyen odieux et violent, il ôte à ce pays, non seulement le moyen de s'acquitter de cette contribution, si elle est jugée juste et possible, mais il ôte à ces pauvres malheureux le moyen de conserver leur vie et celle de leur famille ; il les oblige à déserter le pays et à tout abandonner ; ce qui rend et rendra la réunion de cette vallée absolument inutile et infructueuse. » Et l'avocat Fleury ajoutait, dans un mémoire plus détaillé, que le traité d'Utrecht avait stipulé que ce pays jouirait de ses anciens privilèges, et qu'il n'en était pas moins accablé d'impôts nouveaux [1].

En même temps, les délégués des habitants multipliaient les démarches à Paris, pour faire entendre leurs doléances. Le maréchal en était informé, et se montrait mécontent. « Ils ont continué, écrit-il à Le Bret, à frapper à toutes les portes ici. M. d'Antin, M. de Saint-Simon et les autres conseillers de la régence auxquels ils se sont adressés les ont tous rebutés; mais M. d'Antin m'a dit qu'ils s'adressaient à de petits valets de chez M. le duc d'Orléans. A la fin, ils se rendront sages, et le moment d'après, ils s'apercevront qu'il leur est plus avantageux de l'être que de s'opiniâtrer aux ordres du roi [2]. »

Tout finit pourtant par s'arranger, à la satisfaction des habitants, sans que Villars y perdît rien. « Gorgé de toutes espèces de biens, dit Saint-Simon, il n'eut pas honte de prendre, ni M. le duc d'Orléans de lui donner 6,000 fr. de pension pour le dédommager de ses prétentions sur la vallée de Barcelonnette [3]; » mais, toujours disposé à se plaindre de ses besoins

---

1. Le premier mémoire est imprimé. Archives des affaires étrangères, France, n° 1732.
2. Lettre du 16 décembre 1717.
3. Saint-Simon dit que cette pension lui fut donnée parce que la vallée de Barcelonnette avait été adjugée au Dauphiné. C'est une erreur.

d'argent, Villars n'était pas satisfait de cette modification qui ne portait que sur le mode de paiement, mais qui lui causait des retards.

« Le changement qui a été fait sur mes 6,000 fr. de la vallée de Barcelonnette, écrivit-il le 31 décembre 1720, ne laisse pas que de me jeter dans un embarras continuel. J'étais payé régulièrement, et présentement il faut des ordonnances, et c'est tous les ans à recommencer. Patience! Ce n'est pas que 2,000 écus à recevoir sur-le-champ ne soient dans le temps présent un secours considérable, où l'on ne peut subsister que par emprunts et encore très difficilement. »

CHAPITRE VII

La principauté de Martigues.

Villars est un héros doublé d'un homme d'affaires; il sait mener de front la guerre et la diplomatie, le gouvernement de sa province et l'administration de sa fortune privée. Tout en dirigeant les armées en Allemagne, tout en négociant la paix, il ne cesse d'écrire à Le Bret, non seulement sur les questions d'intérêt provincial et municipal, mais sur des questions de placement d'argent et d'acquisition de propriétés. Malgré le haut rang qu'occupe Le Bret, malgré les démonstrations d'estime et de considération qu'il lui prodigue, il semble parfois qu'il le traite comme son propre intendant plutôt que comme l'intendant de la province.

A la fin de 1712, Villars avait vendu, de concert avec le président de Maisons, son beau-frère, une terre en Normandie, qui leur avait été payée 550,000 l. Pour faire le remploi des fonds qu'il en avait tirés, il demande à Le Bret « si par hasard il n'y aurait pas quelque terre considérable à vendre en Provence, où il aimerait mieux faire une acquisition qu'ailleurs¹ ». Il ne tient pas à une belle maison de campagne; il en a « une très belle à quinze lieues de Paris, et par les mouvances et par la magnificence des bâtiments ». C'est le fameux château de Vaux, bâti par Fouquet, qui porte alors le nom de Villars et qui est aujourd'hui désigné sous le nom de Vaux-Praslin². Villars ne compte séjourner en Provence que pendant la durée des états; mais il préfère acheter dans ce pays dont il est le gouverneur et qui est un pays de droit écrit. Du reste, il ne veut faire qu'une bonne affaire. « Il est bon, dit-il, d'acheter de ceux qui sont pressés de vendre, parce que la raison veut que ce soit à bon marché³. »

Le Bret met aussitôt en mouvement ses subdélégués, qui lui adressent des indications de diverses terres à vendre. Parmi celles qui sont signalées au maréchal, il en est une qui le tente particulièrement. C'est la principauté de Martigues, qui appartenait au duc de Vendôme et que ses héritiers ne peuvent se dispenser de vendre. Seulement, il craint la concurrence de Crozat, « le plus riche homme de Paris, selon Saint-Simon, et qui avait été chargé par le roi

1. Lettre du 2 janvier 1713.
2. Le château de Vaux fut acheté par Villars aux héritiers de Fouquet en 1705; le duc de Villars, son fils, le vendit, en 1764, au duc de Choiseul-Praslin.
3. Lettre du 25 janvier 1713.

du maniement des affaires délabrées du duc de Vendôme[1]. « Si M. Crozat, écrit Villars, veut avoir la principauté, je ne connais personne qui veuille disputer avec lui[2]. »

Villars hésite donc; mais il a 260,000 fr. à placer, et il ne veut pas qu'ils restent improductifs. Il propose à Le Bret de les employer à racheter les charges pour le recouvrement des octrois en Provence, aux propriétaires de ces charges, à la condition qu'il en aurait le denier 20, exempt du dixième et d'autres droits. « La Provence, selon lui, profiterait de la différence du denier 16 qu'elle paie au denier 20 [3]. » La proposition ne fut acceptée que pour une somme de 40,000 liv.[4], et le maréchal revient bientôt à l'acquisition de Martigues. Les procès, dont cette terre est l'objet de la part du domaine, l'effraient bien quelque peu. « Je vous avoue, écrit-il à Le Bret, que les procès avec les rois et leurs ministres me paraissent très redoutables... Cela peut être long et durer jusqu'à ce que M. le grand prieur et Mme de Vendôme ne soient bien parfaitement ruinés. Ce qui arrivera à ces princes très malhabiles et qui ne consultent que ceux qui font leur fortune de leurs désordres [5]. »

1. Saint-Simon, Ed. Cheruel, t. XIII, p. 138.
2. Lettre de février 1713.
3. Mémoire sans date. (Bib. Nat., fr., 8899.)
4. Assemblée particulière du 22 janvier 1713. (*Inv. des archives des Bouches-du-Rhône*, C. 62.)
5. Lettres des 13 et 22 mars 1713.

Mais Martigues était une principauté[1], et le titre de prince souriait à Villars; il apprenait que l'Électeur de Bavière songeait à l'acquérir[2], et c'était peut-être pour lui une raison de plus de la désirer. Cette préoccupation le poursuit pendant sa campagne d'Allemagne. Il avait cru à la paix pendant tout l'hiver. « Tout nous confirme, écrivait-il le 2 janvier 1713, l'espérance d'une prompte paix et même générale. » Il y croit encore le 22 mars : « Tout va bien pour la paix »; et cependant, le 8, il pressentait quelque commencement de campagne. Le 7 avril, il recevait l'ordre de se tenir prêt à partir; la paix lui paraît toujours probable, mais « on a de très bonnes dispositions pour continuer la guerre, s'il le faut ». Bientôt, il faut en reprendre les opérations, et Villars se rend en Allemagne. Mais il ne perd pas de vue l'acquisition de Martigues. Des camps où il commande comme des châteaux et des villes où il négocie, il en entretient Le Bret, il lui demande des renseignements, il lui exprime des doutes, il lui présente des objections, il en attend des détails précis. Il ne se

---

1. En 1580, la vicomté de Martigues avait été érigée en principauté, en faveur de Philibert-Emmanuel de Lorraine, duc de Mercœur, dont la fille, Françoise de Lorraine, avait épousé César de Vendôme, père du duc de Vendôme, gouverneur de Provence. (Papon, *Voyage littéraire de Provence*, p. 136.)

2. Lettre du 13 avril. — Sur Maximilien-Emmanuel (1662-1726), électeur de Bavière, et ses relations avec Villars, voir *Villars d'après sa correspondance et des documents inédits*, par le marquis de Vogüé, t. I. p. 1 à 264.

presse pas; parfois même il semble renoncer à son projet, mais il y revient toujours. Au mois d'avril 1714, il a fait des offres d'acquérir Martigues au denier 30; la terre rapporte 8,000 fr. nets : « Qui pourrait en vouloir au denier 33? dit-il. Je ne connais pas de financier qui veuille s'appeler prince de Martigues[1]. »

Cependant, la mise en vente est affichée, et au moment où Villars croit devenir acquéreur, voici qu'un autre propose 70,000 fr. de plus que lui. Le conseil de Mme de Vendôme cependant lui offre douze heures pour lui donner la préférence, à prix égal. Le maréchal refuse. Il est outré de colère et de dépit : « Je suis très justement indigné contre l'acquéreur, écrit-il. Le procédé est honteux. Il était public que j'étais en marché; » et, après deux pages d'invectives, il ajoute : « Cet acquéreur se cache ; ce qui me persuade que ce n'est pas un homme de condition ! »

Il avait deviné juste. Quatre jours après, il sait son nom; il en informe Le Bret. « M. Titon est prince de Martigues. Il l'a payée 410,000 fr. pour une terre rapportant 12,000 fr., dont 4,000 sur les gabelles, rachetables à 80,000 l. Vous comprenez bien que je suis un peu piqué contre M. Titon et que, très raisonnablement, je ne dois rien oublier pour lui faire sentir l'indignité de son procédé[2]. »

1. Lettres des 4 et 7 mai 1714.
2. Lettres des 13 et 17 juillet 1714.

Titon eut-il peur de Villars? C'est assez probable. Il reconnaît bientôt que cette acquisition ne lui convient pas; il assure que Villars en sera le maître. « Je ne puis trop me louer de la conduite de M. Titon, » écrit le maréchal le 13 août. Mais le marché ne peut se terminer, par suite de refus de ratification de la part de la famille de Titon. Comment en hâter la conclusion? Le Bret lui vient en aide.

« Je vois, dit Villars, le 2 octobre, au premier président, que vous me faites l'honneur de m'écrire que vous trouverez assez convenable à mes intérêts de faire retarder le jugement des procès de M. Titon jusques à la consommation de notre marché. Je trouve que vous pensez en cela comme en toute autre chose, qui est très juste. »

Juste! il faut s'entendre sur la valeur du mot. En tout cas, c'était peu délicat de la part du premier président qui retardait les arrêts de la justice, pour rendre service au maréchal; celui-ci, comptant sur une prompte conclusion, se croyait déjà propriétaire, et continuait sa lettre en disant :

« Je mande à tous ceux qui m'écrivent sur Martigues de s'adresser à vous et que vous prendrez la peine de les écouter sur tout ce qui concernera mes intérêts. Comme dans le marché fait avec Mme de Vendôme, il est dit qu'on laissera les fermiers jusqu'à la fin de l'année prochaine, j'aurai tout le temps d'examiner les augmentations que l'on pourra faire.

M. l'abbé Mainguy, conseiller à la Grand Chambre, qui conduit les affaires de Mme de Vendôme, m'a assuré qu'on avait fait des soumissions pour augmenter de 1000 l. la ferme de Martigues[1]. »

C'est sans doute en pensant à l'augmentation probable des produits, qu'un autre jour il se félicitera de l'affaire qu'il a faite, « vu le prix exorbitant des terres en Provence ». Il croit aussi que les procès dont Le Bret lui envoie l'énumération ne sont pas mauvais. « Je veux même espérer de la bonté de messieurs du parlement que la justice qu'ils rendent à tous me serait promptement accordée[2] ». Il voulait suspendre le cours de la justice, quand il s'agissait de Titon; il veut l'activer pour lui.

Mais la signature du contrat est ajournée indéfiniment. Tantôt Villars est dans les meilleurs termes avec Titon; il lui communique la liste des terres à vendre en Provence que lui avait envoyée l'intendant; tantôt, bien qu'il ait « remis de bons effets aux Titon », il s'impatiente de ce que Mme Titon hésite encore à signer[3]. L'hiver se passe, et rien n'est conclu. Le 26 avril 1715, Villars éclate :

« L'on ne peut être plus mécontent, écrit-il, que je ne suis par leur manquement de parole. Je leur ai demandé une dernière résolution pour finir ou pour

---

1. Lettre du 2 octobre 1714.
2. Lettre du 29 octobre 1714.
3. Lettres des 17 et 28 novembre 1714.

rompre. S'ils continuent, je ne leur donnerai pas le prix convenu qu'ils n'obtiendront de personne, puisque je l'achetai très cher ».

Ces menaces font leur effet. Deux jours après, l'affaire est terminée, et l'on travaille activement à dresser le contrat, qui est signé dans les premiers jours de mai par le père et le fils Titon. « Ils m'ont prié tous deux, dit le maréchal, de les protéger dans la poursuite des procès qu'ils ont. Comme mon intérêt est étroitement lié au leur sur cela, je leur ai promis de leur rendre tous les services que je pourrai [1] ». Mais bientôt Villars émet l'avis qu'on finisse les procès amiablement, « afin de ne pas pousser à bout les communautés auxquelles les Titon réclamaient de très gros arrérages [2] ».

D'ailleurs, il n'est pas mécontent de son marché. Par un nouveau bail, il en retirera 15,000 fr. par an au lieu de 12. Une autre terre vendue par Mme de Vendôme 350,000 fr., et qui lui rapportait 12,000 par an, « a été portée jusqu'à 18,000. Il compte bien relever les produits de Martigues, et il entre dans de longs détails à ce sujet [3].

1. Lettre du 28 avril 1715. Parmi ces procès, il y en avait un d'environ 12,000 fr. sur le canal de Craponne. « Je pense, écrit Villars, qu'il doit les déduire des 400,000 fr., à moins que ce ne soit une augmentation à ce qu'il a déjà acquis de M. de Vendôme. » (Lettre du 6 décembre 1714.)
2. Lettres des 6 et 13 mai 1715.
3. Lettre du 27 mai 1715.

Quelle était cette ville de Martigues, dont Villars devenait le seigneur et le prince? Située entre les étangs de Berre et de Caronte, elle pouvait être regardée comme une des plus originales et des plus pittoresques de France. Ses trois principaux quartiers, construits sur des îles, séparés par des canaux, lui avaient valu la qualification de Venise provençale. Entourée de murs, elle comptait, dit-on, dix mille âmes au milieu du dix-septième siècle. Bien qu'un de ses quartiers fût habité par la noblesse, la majeure partie de ses habitants se livrait à la pêche [1]. Les canaux aboutissaient à des sortes de chambres rondes, appelées bourdigues, où le poisson une fois entré ne pouvait plus sortir. On y prenait ainsi beaucoup de muges, dont les œufs connus sous le nom de boutargue formaient une sorte de caviar qui avait été vanté par Rabelais [2].

Malheureusement, depuis 1688, Martigues était en décadence. Villars, en l'acquérant, constatait qu'elle était dans un état déplorable, dans « une situation violente. » En 1713, les consuls exposaient combien était grande la misère de la ville; elle devait plus de 100,000 l. d'arrérages à la province. Les oliviers avaient gelé en 1709; la plupart de ses « bâtiments de mer » avaient été pris pendant la guerre;

---

1. Voir ce qu'en dit Alexandre Dumas dans ses *Impressions de voyage*, *Midi de la France*.
2. Alfred Saurel, *Histoire de Martigues*, 1872, p. 98 à 101.

la population était réduite de moitié ¹. Le maréchal comptait sur le retour de la paix pour lui donner quelque soulagement; mais il voulait aussi que les magistrats municipaux se prêtassent aux arrangements qu'il leur proposait. Les habitants de Martigues, les Martégaux, avaient une réputation dans toute la Provence de balourdise et de naïveté. On racontait sur leur compte de nombreuses anecdotes vraies ou supposées, comme celle de l'inscription qu'ils auraient mise sur un de leurs ponts : *Ce pont a été fait ici*. Les Martégaux, comme l'ont cru certaines personnes, étaient peut-être plus fins qu'ils ne voulaient le paraître. Leurs magistrats défendaient leurs intérêts comme le maréchal défendait les siens. Il leur demandait des sacrifices d'argent, et leur écrivait le 13 février **1715** « une lettre très forte pour les engager à prendre une résolution très convenable à leur état ».

« Vous savez, leur disait-il, que dans les maladies violentes, il faut des remèdes violents, et quelque grâce que le roi puisse faire à la province, quelque bonté que M. l'intendant et MM. les procureurs du pays puissent mettre en usage à ma considération pour vous soulager, cela serait absolument impossible si de votre côté vous ne travailliez pas à rendre tous leurs soins utiles² ».

1. Requête d'octobre 1713. (Archives nationales, G⁷ 479.)
2. Lettres des 8 et 25 mars 1715.

Villars s'occupe beaucoup, dans sa correspondance avec l'intendant, de ce qu'il appelle le rétablissement des affaires de Martigues. Il est toujours disposé à user de son crédit en sa faveur; c'est ainsi qu'il fait dresser par Caumartin un arrêt « pour contenir les traitans qui pourraient inquiéter sur les bourdigues; » mais il est moins porté à délier les cordons de sa bourse en faveur de ses nouveaux vassaux. Le pont principal a besoin de réparations. Il ne veut pas y contribuer.

« S'il en est de Martigues comme de toutes les villes, écrit-il à l'intendant, il me semble que ce qui regarde la commodité du public doit être soutenu par le public plutôt que par les seigneurs, à moins que ce ne soient des ponts à péages, lesquels rendant quelque chose au seigneur, l'obligent aussi [1] ».

Les Martégaux cherchent pourtant à se faire bien venir de leur nouveau seigneur, en lui offrant un présent. Villars en paraît contrarié : « Je suis très fâché du présent qu'ils m'ont fait, dit-il... Je ne veux pas que l'on me donne, surtout quand on est si peu en état de donner ».

Il exprime des regrets, mais il accepte comme toujours. A coup sûr, il ne savait pas refuser.

1. Lettres des 21 février et 8 mai 1715.

CHAPITRE VIII

La paix, les pages et les gardes.

Tandis que Villars écrit à l'intendant des lettres dignes d'un procureur, il combat et il négocie. S'il parle souvent de ses projets d'acquisition, il n'oublie pas dans sa correspondance les négociations dont il est chargé pour la conclusion de la paix. Il le fait sans doute quelque peu par gloriole, pour montrer aux Provençaux le rôle important qu'il joue, mais aussi avec le sentiment de la mission patriotique qu'il remplit.

C'est ainsi qu'il s'empresse, le 20 novembre 1713, d'annoncer que le prince Eugène lui a demandé une conférence pour traiter de la paix avec l'Empereur. Tous deux se réunissent bientôt dans ce but au château de Rastadt.

« Le prince Eugène, écrit Villars le 5 décembre, pousse la politesse et l'honnêteté au plus haut point; mais sur la négociation, la hauteur est la même. Nous sommes la journée entière ensemble ou pour manger l'un avec l'autre. »

Les négociations furent quelquefois difficiles, et l'on peut lire dans le récit circonstancié qu'en a donné le marquis de Vogüé leurs différentes péripéties où Villars n'eut pas toujours le dessus[1]. Il n'en était pas moins satisfait de son œuvre : « Je vous dirai ici pour vous seul, s'il vous plaît, dit-il à Le Bret le 28 janvier 1714, que si Sa Majesté veut la paix, elle pourra obtenir les conditions les plus glorieuses et avantageuses que la France ait jamais reçues dans aucun traité... Avant qu'il soit dix jours, les affaires seront décidées. »

Le 9 février, il écrit de Strasbourg : « Tout sera bientôt publié... à des conditions auxquelles on aurait peu espéré de réduire l'Empereur et l'Empire. Il est certain que j'ai vu le prince Eugène, qui n'est pas du tout comédien, pénétré de douleur de passer les dernières conditions. »

Le traité ne fut signé que le 7 mars. Le secrétaire Gally en fit part immédiatement à Le Bret. « Mgr le maréchal, écrit-il, ayant passé jusques à quatre heures après minuit à collationner, relire et enfin relire le traité de paix, m'ordonne de vous apprendre cette très bonne et très grande nouvelle que tout bon Français apprendra avec une joie d'autant plus sensible que jamais paix n'a été plus glorieuse, avantageuse et solide. »

---

1. *Villars d'après sa correspondance et des documents inédits.*, t. II, p. 54 à 130.

Tout n'était pas cependant terminé. La paix était faite avec l'Empereur, et non avec l'Empire. Il fallut que la diète en délibérât, et qu'un congrès se réunît à Bade pour en arrêter les conditions. Villars s'y rendit pour signer le traité définitif. Le 4 septembre, il était à Bruck. « Je suis arrivé ici hier, disait-il, et nous devons, le prince de Savoie et moi, nous rendre demain à Bade pour y signer la paix générale. »

Bien que la paix soit faite, Villars a toujours quelques craintes du côté de l'Angleterre. Il en informe Le Bret dans plusieurs de ses lettres. C'est ainsi qu'il lui apprend que, d'après certains avis, le duc de Marlborough serait sur le point d'aller trouver l'Empereur. « Ceci n'est pas à bonne intention pour nous, observe Villars, l'Angleterre ne perdant pas une occasion de nous marquer sa mauvaise volonté ». Mais, comme il est assuré de « la ferme intention de l'Empereur d'entretenir une bonne et parfaite intelligence avec le roi, les mauvaises intentions des Anglais, ajoute-t-il, ne nous feront pas grand mal[1]. » Plus tard, il annoncera que l'escadre suédoise a été fort maltraitée dans la Baltique. « Ce qui nous convient, remarque-t-il à ce sujet, c'est que les partis soient égaux et que ces gens-là se battent comme des enragés qu'ils sont[2]. »

---

1. Lettres des 27 octobre, 17 novembre et 3 décembre 1714.
2. Lettre du 6 mai 1715. La Prusse et le Danemark combattaient contre la Suède, tandis que Charles XII était à Bender.

Pendant qu'il tient ainsi l'intendant de Provence au courant des événements de l'Europe, il n'a garde d'oublier ses affaires particulières. Il aime le faste et la magnificence. A une époque où, selon l'expression du fabuliste, « tout marquis veut avoir des pages, » il veut en avoir plus que qui ce soit; et il écrit à Le Bret la lettre suivante :

« Vous voulez bien, Monsieur, que je vous donne une petite commission; comme je viens de placer dans les troupes les pages qui m'ont servi pendant la guerre, j'aimerais mieux les remplacer par des gentilshommes de Provence que d'autres pays. Je leur fais bien montrer tous les exercices, et après avoir été à moi trois ou quatre ans, on leur fait donner quelque emploi dans les troupes et on les équipe en leur donnant un cheval. Enfin la condition n'est pas mauvaise; mais je vous supplie, si vous en présentez quelques-uns, qu'ils soient bien faits, car de petits ramoneurs de cheminée ne font point d'honneur, et qu'ils aient quinze ans au moins et assez grands pour me suivre. Cette commission n'est pas digne de vous; mais j'avoue que j'aime mieux faire élever de jeunes gentilshommes de Provence que d'autres pays. »

Le Bret lui répond sans délai : « Je crois que nous n'en manquerons pas. Il y en a d'assez bonne maison au May, auquel j'ai fait dire d'aller voir M. l'évêque de Fréjus pour savoir sûrement si sa figure sera convenable. J'ai aussi fait écrire à Arles pour un autre qui est encore de meilleure maison; j'attends réponse. »

Villars insiste sur ses intentions dans une autre lettre. « Pour bien des raisons, répète-t-il, je les préférerais de Provence, parce que l'on est bien aise, les faisant bien élever, de faire plutôt ces plaisirs dans des pays où l'on veut se faire des amis que partout ailleurs[1]. » Cependant il n'est pas pressé de faire amener les trois pages que Le Bret lui a trouvés en Provence.

« Ils sont moins nécessaires à la cour, dit-il, où il n'y en a presque plus, qu'en province. Pour moi, je leur fais apprendre leurs exercices et crois, malgré le peu d'usage actuel, que l'on ne peut faire un meilleur usage de son bien que d'en employer quelque chose à faire élever pendant trois ou quatre ans de jeunes gentilshommes que je placerai ensuite dans les troupes; je compte donc que ces deux qui pourraient venir avec ceux que j'ai, ce sera quatre.

... « Vous savez que dans les bonnes actions il faut même éviter le faste. Et comme nos plus grands seigneurs n'en ont pas un seul, je dirai sur ce qui excédera le nombre de quatre que je n'ay pu refuser des

1. Avant que Villars fût gouverneur de Provence, un gentilhomme de ce pays désirait, en 1711, que son fils entrât dans les pages du Maréchal. « Il est un peu petit, écrivait Le Bret, mais d'une figure assez revenante. » (Bibl. Nat., fr., 8895.) Un des pages choisis fut un fils de Dugrou. (Lettre du 5 octobre 1714.)

gens de qualité qui m'ont prié de prendre leurs enfans.

« Vous voyez, Monsieur, que je me prépare des excuses pour ne pas paraître glorieux, dont autrefois on a voulu m'accuser et en vérité sans raison [1]. »

Glorieux, il a cependant quelque droit de l'être à cette époque. N'a-t-il pas par la victoire de Denain permis à la France de faire une paix honorable? S'il n'obtint pas l'épée de connétable, ni l'entrée au conseil du roi, qu'il convoitait, aucun autre honneur ne lui fut refusé. L'Académie française, qui le reçut dans son sein, plaça son portrait entre ceux de Racine et de Boileau. Des médailles furent frappées à son nom, avec cette exergue : *Victoria pacem fecit*. Mais ce qui le toucha peut-être davantage, c'est l'appartement dont le roi « daigna l'honorer au-dessus de ses espérances ». « C'est le plus grand et le plus beau de Versailles, écrit-il le 9 décembre 1714 à Le Bret. C'était la moitié de celui de Monseigneur et en dernier lieu de M. le duc de Berry, et il y a sept grandes croisées de plain pied au jardin et sous les salles des gardes du roi et de feue Madame la Dauphine. Malgré mes belles habitations, car je n'ai rien à désirer à la ville et à la campagne [2], j'ai grande envie de vous aller voir. »

1. Lettre du 9 décembre 1718.
2. Il avait acheté de la duchesse d'Elbeuf le bel hôtel de Navailles, situé rue de Grenelle Saint-Germain et qui est aujourd'hui la mairie

En attendant qu'il réalise son envie, il songe à augmenter la magnificence de son train de maison, et il demande des renseignements à Le Bret sur les orfèvres d'Avignon.

« En passant à Avignon, lui dit-il, on me proposa de faire travailler un orfèvre de cette ville, lequel me fit deux sceaux et un pot à oille [1] assez bien travaillé. » C'était d'un tiers moins cher qu'à Paris. Or « il m'en coûte déjà près de 10.000 livres pour un changement de vaisselle, sans avoir un marc d'argent de plus... Y aurait-il toujours quelque excellent ouvrier à Avignon, car en envoyant de bons modèles d'ici, je pourrai faire travailler pour ce qu'on appelle une machine et des corbeilles d'argent pour le fruit [2]. »

Villars cherche à concilier la magnificence et l'apparat avec l'économie. Sur les 51,000 l. que lui allouaient les États, 15,000 étaient destinées à l'entretien de sa compagnie des gardes. Dans toutes les provinces, les gouverneurs avaient des gardes dont les fonctions étaient plus honorifiques qu'effectives. Elles ne s'exerçaient guère que lorsque les gouverneurs venaient dans leur gouvernement, et ils n'y venaient pas

du VIIe arrondissement. (Marquis de Vogüé, t. I, p. 189.) On sait qu'il possédait le château de Vaux.

1. Le pot à oille avait la forme d'une soupière; il était destiné à contenir un ragoût d'origine espagnole, composé de diverses sortes de viandes. (Havard, Dict. de l'ameublement, t. III, fol. 1027.)

2. Lettre du 28 juin 1715. — Une machine était une pièce montée, à plusieurs étages, pour porter des assiettes ou des plats d'argent; elle servait de surtout, dans les dîners d'apparat. (Havard, t. III, fol. 521.)

souvent[1]. L'insigne de leurs fonctions était une bandoulière armoriée, qui leur était remise sur la recommandation des gens en place. « Mon capitaine des gardes, écrit Villars le 15 avril 1715 à Le Bret, a envoyé huit bandoulières, lesquelles vous seront remises. M. de Fréjus m'en a demandé deux; M. Dugrou une. Vous aurez la bonté de les faire distribuer comme vous estimerez le plus convenable. »

Mais là se borne sa générosité, et il ne paraît pas vouloir donner autre chose que les bandoulières : « Je ne sais comment M. de Vendôme faisait pour ses gardes, dit-il, mais j'aime mieux suivre l'exemple de M. le maréchal de Villeroy pour les miens. Je compte bien de les faire habiller[2]. A Metz, j'avais une compagnie de gardes et une de hallebardiers établie du temps de M. d'Épernon. J'en aurais eu sur ce pied-là autant qu'il aurait plu à la ville de m'en donner. Ils se faisaient tous habiller de mes livrées très proprement, eux et leurs bas-officiers. Ils ne m'ont jamais rien demandé. Ceux de M. de la Feuillade et presque de tous les gouverneurs de province ne demandent que la bandoulière... Nous verrons quand nous serons sur les lieux; en attendant, je prie M. Dugrou de ne leur rien donner[3]. »

1. Cependant ils escortaient parfois les procureurs du pays, comme il arriva lors de la peste de 1720, où ils les accompagnèrent dans une entrevue qu'ils eurent avec les échevins de Marseille. (*Histoire de la dernière peste de Marseille*, 1732, p. 40.)
2. Sans doute, à leurs frais. La fin de la lettre semble l'indiquer.
3. Lettre du 15 mai 1715.

CHAPITRE IX

L'assemblée générale des communautés.

En attendant qu'il se montrât à la tête de ses gardes en Provence, Villars s'occupait de l'assemblée des communautés, de ses sessions et de ses séances. N'avait-il pas le pouvoir de la convoquer, d'accord, bien entendu, avec les ministres, l'intendant et l'archevêque d'Aix? S'il ne se pressait pas de venir la présider en personne, l'intendant lui rendait un compte fidèle de ce qui se passait dans l'assemblée. C'est ainsi qu'en 1714, elle ouvrit ses séances le 7 mars, dans la petite ville de Lambesc, siège ordinaire de ses sessions, par le vote unanime du don gratuit de 700,000 l., qui représentait la part de la province dans les contributions générales du royaume. Ce vote était généralement acquis d'avance; mais il fallait parfois négocier pour l'obtenir, et quand il était réalisé, le ministre et le gouverneur ne manquaient pas d'en féliciter l'intendant et le président des États.

Les rapports des procureurs sortants sur leur gestion, la nomination de deux procureurs-joints, l'abandon de poursuites contre les procureurs qui s'étaient rendus coupables de négligence en 1702, occupèrent les séances suivantes en 1714. Parmi les dépenses extraordinaires qui furent votées figura l'acquisition de quelques meubles pour les assemblées, « afin, écrivait Le Bret à Villars, qu'à la première en laquelle on espère avoir l'avantage de vous voir, les États vous paraissent moins malpropres. »

Non contente de demander des dégrèvements, l'assemblée sollicitait des remises sur le don gratuit en faveur des communautés inondées ou grêlées. Elle s'occupait aussi de remboursements d'offices, d'abonnement et de demi-abonnement pour d'autres impositions. Des remises étaient faites aux communautés qui devaient des arrérages à la province. L'assemblée nommait un commissaire pour aviser à la construction d'un petit môle dans la rade d'Hyères, et s'inquiétait de la réparation des chemins. Enfin, après une journée consacrée à « travailler chez l'archevêque à plusieurs affaires de grand détail », après avoir émis le vœu de la suppression de certains droits de logement en faveur « d'officiers, principalement de la marine, tant d'épée que de plume », l'assemblée terminait sa session, qui avait duré neuf jours, par la fixation de l'imposition à 2,400,000 fr., à raison de 800 fr. par feu et de 3,000 feux, répartis proportionnellement à la population entre les diverses localités[1].

C'était la base du budget de la province, qui s'élevait en 1715 à 2,568,785 liv. Comme de nos jours, il se divisait en dépenses ordinaires et extraordinaires. Les premières comprenaient le don gratuit; plus de 110,000 liv. de traitements, y compris 51,000 pour le gouverneur; 30,000 fr. seulement pour la réparation des chemins; 600,000 liv. pour la dépense des troupes par étapes et quartiers, enfin 70,000 liv. de « frais inopinés ». Les dépenses extraordinaires, de 390,529 l. étaient surtout consacrées à l'abonnement pour diverses impositions et au rachat de quelques offices[2].

Les procureurs du pays, qui se réunissaient en assemblées particulières[3], rédigeaient chaque année un rapport sur les affaires de la province, que l'on appelait les Cahiers de la Province, et qui était lu au conseil du roi, après avoir été communiqué à l'intendant. Les procureurs étaient dans leur rôle en signalant les maux de la région et les moyens d'y remédier. Villars écrivait à ce sujet à Le Bret, le 3 décembre 1714 : « Le travail que vous faites sur le rapport des procureurs du pays n'est pas bien facile... Dès qu'on veut examiner un mal pour y appor-

1. Lettre de Le Bret à Villars, du 19 mars 1715. (Bibl. Nat., fr., 8901.)
2. Bibl. Nat., fr., 8901.
3. La Bibliothèque Nationale contient plusieurs procès-verbaux imprimés de ces assemblées, notamment pour les années 1713, 1718, 1720, 1729.

ter remède, tout le monde veut être malade... Il faut s'occuper des besoins les plus urgents. Si nous demandions trop à M. Desmarets, peut-être n'aurions-nous rien. »

Le contrôleur général présentait les cahiers au conseil. « M. des Forts, écrit Villars à l'intendant en 1727, a lu hier au roi les cahiers de Provence, et vos avis sur leurs représentations, lesquels ont été presque entièrement suivis, m'ont donné occasion de rendre les témoignages que je dois au roi et au conseil de toute votre conduite et de votre attention très vive à tout ce qui peut regarder les intérêts du roi et d'une province, dont le zèle serait inutile à son service, si on voulait excéder les charges et les impositions... J'ai tâché de lui procurer quelques soulagements [1]. »

La diminution et le dégrèvement des impôts étaient presque constamment réclamés par la province et recommandés par le gouverneur. « J'espère, écrivait-il le 25 décembre 1712, que l'on sera désormais plus occupé des soins de modérer les impositions que de les augmenter et que nous pourrons revoir les dedans du royaume au moins avec les premières douceurs de sortir d'une maladie bien violente. » Le 15 novembre 1714, il dit à Le Bret : « Je suis très aise des bonnes espérances que vous me donnez, si l'on croit vos avis, de voir tirer notre chère

1. Lettre du 2 avril 1727. Voir aussi lettre du 24 juillet 1724.

Provence de l'état affreux où je la représente tous les jours aux ministres. » La guerre et le terrible hiver de 1709 avaient particulièrement éprouvé la Provence, qui avait été le théâtre d'une invasion ennemie. Dans un certain nombre de localités, le quart ou le sixième des maisons était inhabité ou démoli; le froid avait fait périr la plupart des oliviers[1]. Beaucoup de communautés étaient endettées. Elles demandaient des secours. « L'archevêque paraît très satisfait, disait Villars, des 200,000 fr. accordés pour le soulagement de quatorze communautés; seulement il croit qu'on a oublié de parler des 30,000 fr. pour les dix-sept autres. » L'intendant, de son côté, plaidait en faveur de ses administrés. « Vous avez très bien fait, lui dit le gouverneur, d'envoyer au maréchal de Villeroy et au duc de Noailles un mémoire sur les affaires de Provence. Je verrai s'il sera possible d'obtenir encore quelque modération[2]. »

La répartition des impôts se réglait d'après une opération qui se faisait, à des intervalles irréguliers, par une commission nommée par les États. Ce travail, désigné sous le nom d'affouagement, était, de l'avis du gouverneur et de l'intendant, « difficile, long et très embarrassant. » Chaque communauté se prétendait plus pauvre, plus « ruinée, plus déserte » que sa voisine. Son commerce était anéanti;

1. Mémoire de 1715. (Bibl. Nat., fr., 8904.)
2· Lettres des 4 février et 3 novembre 1715.

ses récoltes détruites par la grêle[1]. Une enquête était faite dans chacune d'elles par des commissaires spéciaux, dont les procès-verbaux étaient remis à un bureau central de direction. C'était le moment où les influences étaient mises en jeu par les communautés intéressées afin de se faire taxer le moins possible. Les « pauvres consuls de Martigues » s'adressèrent naturellement à Villars en cette occasion. « Leurs raisons me paraissent bonnes et concluantes, écrivait-il à Le Bret. Je suis bien persuadé que vous voudrez bien leur faire les plaisirs qui dépendront de vous, suivant leur exposé. Il est très juste qu'ils soient considérablement soulagés, sans quoi cette communauté serait totalement détruite[2]. » Le Bret se rejeta sur le bureau de direction; il s'en tira avec des banalités et des politesses : « Dieu veuille que l'ouvrage soit bon, répondit-il; l'on s'en flatte, et je crois que l'on a bonne intention. La mienne sera toujours de vous rendre mes obéissances très humbles. »

Villars intervient aussi en 1714 pour alléger les charges que l'établissement des droits de contrôle des actes de notaire imposait à la Provence. Un des procureurs du pays l'avait saisi de cette affaire, qui, selon Le Bret, était alors la plus importante et celle « dont les conséquences pouvaient être les plus tristes pour le public. » Il s'agissait d'un droit établi

1. J. Marchand, *Un intendant sous Louis XIV*, p. 150.
2. Lettres des 22 mars et 30 avril 1728, du 14 mars 1729.

en 1706, que la province avait racheté près de 1,100,000 fr.; mais on lui réclamait, en outre, une allocation annuelle de 208,000 fr. Le maréchal demanda des renseignements à Le Bret. « J'agirai fortement auprès de M. Desmarets, dit-il, voulant rendre à la Provence les services qui dépendent de moi. » Il traita, en effet, avec M. de Bercy, en obtenant que sa chère Provence ne payât que 190,000 fr. au trésor royal, et non aux fermiers. C'est en sa faveur que cette concession était faite, et il s'excuse presque auprès des procureurs du pays de n'avoir pu l'obtenir plus conforme à leurs désirs[1].

1. Lettres des 13 et 17 juillet 1714.

CHAPITRE X

Les réclamations de la noblesse.

Lorsque le pouvoir central supprima les États de Provence proprement dits en les ajournant à partir de 1639, il voulait amortir la puissance de la noblesse plutôt que l'influence du tiers état. Il redoutait la turbulence et l'esprit d'indépendance de l'une; il comptait sur le concours de l'autre. Pour cette raison, il avait laissé subsister l'assemblée générale des communautés, qui se recrutait dans le tiers état, voter les impôts et nommer les procureurs du pays; par la même raison, la noblesse de Provence avait réclamé à plusieurs reprises[1] le rétablissement des États, où son ordre exerçait une large part d'influence. Elle avait conservé ses assemblées particulières où elle nommait des syndics et des commissaires[2]; mais elle n'avait qu'une part très minime dans l'administration de la province. En 1715, elle crut le moment favo-

---

1. En 1657, 1658, 1668.
2. *Inv. des archives des Bouches-du-Rhône*, C. 108 et 109.

rable pour faire valoir ses droits ou ses prétentions, en écrivant à Villars :

« Le temps ne serait-il pas venu, Monseigneur, de rendre à la province ses états? Mgr le maréchal de Villars serait-il notre gouverneur pour rien et ne nous ressentirons-nous pas de son joyeux avènement? Cette province est-elle de moindre condition que celles de Languedoc, de Bourgogne, de Bretagne? Tandis qu'elles conservent et tiennent leurs états, la nôtre en sera-t-elle privée? Déchéera-t-elle de ses anciens privilèges, tandis qu'elle en devrait acquérir de nouveaux par la protection de son auguste gouverneur[1]? »

La mort de Louis XIV et l'établissement de la régence, qui survinrent peu après, déterminèrent dans le gouvernement une sorte de réaction en faveur des principes aristocratiques. De grands seigneurs, comme le duc de Saint-Simon, firent partie des conseils appelés à diriger les affaires. Saint-Simon était connu pour la vigueur avec laquelle il défendait les droits des ducs et pairs; aussi la noblesse de Provence crut-elle qu'elle ne pouvait mieux faire que d'invoquer son appui. Elle lui adressa un mémoire en 1716 pour lui exposer les raisons qui militaient en faveur « du rétablissement de ses privilèges »; elle demandait avant tout la tenue an-

---

[1]. Lettre du 15 juillet 1715.

nuelle des états comme en 1637, et l'admission de ses syndics dans l'assemblée des communautés; elle voulait faire exclure l'intendant de la présidence de ces assemblées.

« La noblesse, disait-elle, avec qui les communautés ont très souvent des différents, a trop éprouvé combien l'intendant leur est favorable et ce que ses droits les plus importants en ont souffert dans toutes les occasions, pour ne pas réclamer contre cette nouveauté[1]. »

Le marquis de Châteaurenard fut député par la noblesse pour soutenir sa cause à la cour[2]. Présenté par Villars, il fut parfaitement reçu par le régent; mais il n'obtint pas entièrement gain de cause. Il lui fut répondu que les assemblées des trois états n'étaient pas supprimées, mais ajournées, que l'usage en serait rétabli, lorsque Sa Majesté le jugerait à propos, et qu'en attendant la noblesse proposerait au roi trois candidats, parmi lesquels il choisirait cha-

1. Cette demande était accompagnée d'un mémoire au roi imprimé et signé Pazery, avocat. (Archives des Affaires Étrangères, France, n° 1732.)
2. Il fut député dans la séance du 20 octobre 1715. Voir Délibérations du corps de la noblesse de Provence. *Inv. Arch. Bouches-du-Rhône*, C. 108. — « M. de Châteaurenard, dit Villars à son sujet, m'a fait toutes les honnêtetés possibles sur son envoi; sa principale commission était de recevoir mes ordres ici... Il est certain que c'est le seul député dont on ait ouï parler pour la seule noblesse et qu'il n'en est venu d'aucune province du royaume. Nous examinerons ce qui conviendra le mieux. » (Lettre du 21 novembre 1715.) — Mémoire imprimé adressé *au Roi*, Bib. Nat., fr., 8910.

que année celui qui serait député. Un arrêt du conseil du 27 octobre 1716 se garda bien de rétablir les états; mais il obligea les assemblées générales de choisir les procureurs joints de la noblesse parmi les anciens syndics de cet ordre[1], quoique les droits de ces assemblées fussent fondés « en équité, titres authentiques et possession immémoriale. » La constitution de la Provence était la plus démocratique de toutes celles des pays d'états. D'après le marquis d'Argenson, ses états, réduits à l'assemblée des communautés « étaient tout peuple[2] ». « La noblesse, dit l'avocat des procureurs du pays, Lauthier, objecte qu'elle n'a que deux voix contre quarante du tiers état; c'est un établissement très ancien fondé sur l'équité, parce que le tiers état porte tout le faix des impositions, consacré par l'usage, autorisé par les ordres du roi et par les arrêts du conseil; il y a soixante ans que les choses se gouvernent de cette manière; on n'en a vu aucun inconvénient[3]. »

En 1718, la noblesse était encore en instances pour réclamer ses anciens droits. « M. de Brancas, écrit à cette époque Villars à Le Bret, me propose de voir s'il est convenable de demander le rétablissement des états comme avant 1637 et de les tenir seulement

---

1. Coriolis, *Traité sur l'administration du comté de Provence*, t. I, p. 26.
2. Marquis d'Argenson, *Mémoires*, éd. in-8°, t. III, p. 99.
3. Lettre du 3 août 1718.

tous les trois ans. Je suis bien aise de savoir avant tout vos sentiments sur cela. Il fut proposé à la Régence il y a deux ans et refusé ; mais il arrive quelquefois que ce que l'on n'a pas approuvé dans un temps s'accommode dans un autre[1]. »

Si les états ne furent pas rétablis, la noblesse de Provence continua à tenir ses assemblées particulières. Villars parle de celle de 1724 : « Vous ne m'avez rien mandé, dit-il le 26 décembre à l'intendant, de la dernière assemblée de la noblesse que le roi a eu la bonté de permettre. Je suis persuadé que si elle a été tenue, il ne s'y est rien passé qui mérite attention, puisque je n'en ai rien vu dans vos lettres. » Cette assemblée ne se réunit qu'au mois de février de l'année suivante. Villars écrivit aux syndics de s'adresser à Le Bret pour l'époque de sa convocation et pour la désignation du commissaire qui devrait y assister. Il approuva le choix que l'intendant fit du marquis d'Argens pour en remplir les fonctions.

L'assemblée, qui réunit cent un possesseurs de fiefs, fut assez tumultueuse à la première séance. Le lendemain, on y fit moins de bruit. Elle présenta sans doute des observations sur le nouvel impôt du cinquantième, Villars ayant déclaré « qu'on ne pouvait trouver mauvais qu'avec une soumission entière on

---

[1]. Bibl. nationale, fr., 8910.

représentât ses raisons », tout en pensant qu'« elles ne feraient pas plus d'effet que celles qui ont paru jusqu'à présent. » La session, qui dura trois jours, se termina par la nomination de commissaires et de syndics. La vivacité provençale s'y donna carrière. Dans un scrutin où 82 personnes avaient voté, il se trouva 123 billets. « Cela ne laisse pas d'être surprenant, » remarque Villars. Le président de Raguse réclama; M. de Salignac se crut mortellement offensé. Le gouverneur s'en plaignit : « Je voudrais, écrit-il à Le Bret, qu'il dépendît de moi de mettre plus d'union entre M^{rs} nos Provençaux; car pour moi, j'aime la paix; je crois que vous l'aimez aussi. »

Villars voyait de haut l'administration et ne voulait pas, en thèse générale, intervenir dans les compétitions particulières. Au mois de juillet 1725, Salignac désirait avoir l'appui de Villars pour se faire nommer l'un des trois procureurs de la noblesse. « Le comte de Grignan, résidant dans la province, dit le maréchal, voulait avoir part à toutes les différentes élections; mais prévoyant que j'y ferais peu de séjour, je n'ai voulu me réserver uniquement que le pouvoir d'empêcher le mal sans me mêler des élections... je ne puis favoriser M. de Salignac[1]. »

1. Lettres des 17 décembre 1724, 9, 12, 14 janvier, 17 février, 14, 25 juillet 1725.

CHAPITRE XI

Les affaires de Marseille.

Villars ne s'occupe pas seulement de l'assemblée des États, de ses fonctionnaires et du corps de la noblesse. Les lettres patentes lui donnent le droit de « commander » aux officiers municipaux, et s'il n'use pas d'ordinaire de ce droit, il correspond avec eux [1], il veille à leurs intérêts; son attention se porte sur les affaires des villes, et particulièrement sur celles de la plus importante d'entre elles, Marseille. Sa prospérité lui tient justement à cœur, et toujours il semble disposé à consacrer du temps aux intérêts de cette cité, qu'il qualifie d'illustre, de grande et de puissante.

Au moment où il fut nommé gouverneur de Pro-

---

1. Les archives municipales de Marseille contiennent une collection importante des lettres de Villars et de son fils; elles sont au nombre de 654 et ont été classées par M. Octave Teissier, qui a bien voulu me donner de précieux renseignements, dont je tiens à lui témoigner ma gratitude. Les archives municipales de Toulon en renferment aussi un certain nombre, indiquées par M. Teissier dans son *Inventaire des Archives municipales de Toulon*, AA. 91 et 32.

vence, Marseille traversait une crise financière et municipale dont la gravité avait attiré depuis longtemps la sollicitude de l'administration [1]. Des plaintes avaient été formulées contre la gestion de plusieurs échevins, accusés de prévarication. De Harlay, chargé d'examiner leurs comptes, avait emporté tous leurs papiers à Paris pour les soumettre au conseil, et l'intendant Le Bret avait dû en 1712 instruire à Marseille le procès des magistrats incriminés. Le 24 avril 1713, Villars, préoccupé de la gravité de ce procès, écrivait à Le Bret : « Je saurai avant mon départ de MM. Desmarets et de Torcy s'ils croient que vous, M. de Grignan et moi, soyons plus propres à terminer les affaires de Marseille et à tirer cette illustre ville du péril où l'on m'assure qu'elle est, que messieurs du conseil, je les prierai de nous en charger. Si les ministres ne l'approuvent pas, il n'y a qu'à laisser faire. Pour moi, mon principe est de procurer le bien autant que je le puis, mais de ne pas trop inquiéter quand ceux qui sont les maîtres ne m'en veulent pas donner les moyens. Je vous supplie de me mander votre sentiment sur cela, auquel je me conformerai très volontiers. »

Le Bret répondit immédiatement : « En secret, M. de Grignan passe pour une des causes des désor-

[1]. « Cette ruine de Marseille, écrivait Le Bret le 20 novembre 1715, est un mal réel et invétéré que mon père et moi avons prédit vingt ans durant; on ne commença à m'écouter qu'en 1708. On forma ensuite la commission de M. de Harlay. »

dres des affaires de Marseille par la protection qu'il a toujours donnée à la cabale qui a ruiné la ville. Faire entrer M. de Grignan dans cette affaire serait y trouver plus de résistance. Il y a vingt-cinq ans que mon père et moi avons vu le mal en proposant les moyens d'y remédier sans avoir été écoutés... La cervelle des commissaires nommés n'est pas assez forte pour une pareille besogne. De plus on me tue un subdélégué très honnête hommme, tant à force de le faire travailler que par le chagrin que lui donnent avec raison la haine et l'aversion générale dans laquelle il est tombé depuis le règlement fait en dernier lieu, parce qu'on a cru qu'il y avait la principale part. »

Ce subdélégué s'appelait Rigord; c'était un « homme fort doux, et dont le désintéressement était très rare, disait ailleurs Le Bret, dans le siècle où nous sommes[1] ». En 1707, les échevins de Marseille avaient voulu faire supprimer sa charge, sans doute parce que les comptes de la ville devaient être rendus en sa présence; mais l'administration l'avait maintenu dans ses droits, à la condition qu'il n'assisterait pas aux conseils de ville lorsque le viguier les présiderait [2].

1. Villars ne dissimulait pas à Le Bret que le bruit courait que « quelques gens prenaient trop d'empire sur lui. Par exemple, lui disait-il, je ne vous cache pas qu'on a cette opinion à Marseille d'un de vos subdélégués. » (Lettre du 24 août 1715.)

2. Bibl. nat., n. fr., 3498.

La campagne de 1713 et les négociations pour la paix détournèrent pendant quelque temps Villars de sa sollicitude pour les affaires de Marseille. La ville était endettée de six millions, dont elle devait deux ans d'arrérages; ses revenus montaient à 350,000 l. et l'on cherchait à réduire ses dépenses. Les enquêtes continuaient[1]. « Les échevins et autres que l'on poursuit, écrivait le maréchal le 15 août 1714, me paraissent très consternés des poursuites que l'on fait contre eux. Il est certain que les désordres de cette grande et puissante ville me paraissent augmenter considérablement. J'ai grande envie de pouvoir contribuer à les terminer. Je vous supplie de me mander quel expédient vous croyez nécessaire à prendre en attendant. » Le Bret n'en voit pas; mais il continue à instruire le procès. « Ces pauvres gens, dit-il en parlant des accusés, ne savent pas que rien n'est plus difficile, même à des gens d'esprit, que de mentir, et s'engagent dans un labyrinthe dont ils auront bien de la peine à se tirer. »

Dans tous les cas, ils gagnaient du temps, et l'enquête se poursuivait, lorsqu'en 1715, la condition commerciale de Marseille s'aggrava d'une manière inouïe. « Nous courons tous à notre perte, écrivirent les échevins le 12 juillet 1715; notre place est aux abois; soixante faillites qu'elle vient d'essuyer ne lui

1. Mémoire et dossier sur la situation de Marseille. Archives nationales, G⁷ 480.

permettent plus de lever la tête... Un tiers de l'argent s'est éclipsé par les diminutions (d'espèces); l'autre tiers a passé dans les pays étrangers, et le tiers restant, qui est totalement infructueux pour le commerce, suffit à peine pour les nécessités journalières.. Les plus opulents, s'il y en a encore, ne trouveraient pas un sou sur le marché. » La situation était telle que les échevins demandaient « à surseoir les billets à ordre pendant six mois[1]. » Villars en était informé. Il savait qu'on parlait de plus de 20 millions de banqueroutes à Marseille. « Quant aux désordres, écrivait-il, je vous dirai dans quelques jours quel remède on imaginera sur cela. » Ce remède, c'était la nomination d'une commission qui devait fonctionner sur les lieux mêmes[2], et que Villars devait aller présider en personne, en revenant des eaux de Barèges où il avait l'intention de se rendre.

« A la chaleur que je mettais à cette affaire, écrit Villars dans ses Mémoires, le roi craignit que je ne songeasse à me retirer de la cour[3]. Il marqua son inquiétude à M. Desmarets, ministre des finances. Celui-ci m'en parla comme d'une résolution qui ferait une véritable peine au roi. Je le priai d'assurer Sa

1. Archives nationales, G⁷ 481.
2. Villars dit que le roi Louis XIV le laissa maître de former cette cour de justice, et de désigner les membres qui la composeraient.
3. Nous nous servons de la version d'Anquetil, qui faisait parler Villars à la première personne, et qui sera modifiée par le texte de l'édition publiée par le marquis de Vogüé.

Majesté que je n'avais jamais eu pareille intention. — Mais, lui dis-je, me voyant absolument inutile, j'ai cru de mon devoir de ne pas perdre une occasion de servir le roi et de tirer la ville de Marseille et toute la province qui m'a été confiée de l'état fâcheux où ses prodigieuses dettes l'ont plongée. » Chose singulière, le gouverneur de Provence éprouvait le besoin de s'excuser auprès du roi de prendre au sérieux ses fonctions et de visiter sa province ; il se croyait obligé d'expliquer son voyage à Marseille comme un incident de son voyage à Barèges.

Il partit, en effet, pour les Pyrénées dans le courant de l'été ; mais à peine était-il arrivé à Blois, où il avait été saluer la reine de Pologne, qu'un courrier vint lui annoncer que son beau-frère, le président de Maisons, était à toute extrémité. Il revint immédiatement à Versailles, pour solliciter du roi la charge du président de Maisons pour le fils de celui-ci, qui était fort jeune. Ce fut une des dernières faveurs accordées à Villars par Louis XIV[1], frappé de la maladie qui devait l'emporter le 1er septembre.

Insatiable d'honneurs et de dignités, Villars espéra un instant, après la mort du roi, jouer dans le conseil de régence le rôle prépondérant auquel il se croyait des droits. Mais le Régent prit bientôt l'habitude de tout décider sans en référer au conseil, et bien que

---

1. « Grâce presque sans exemple », écrit Villars le 24 août 1715.

Villars fit partie, conformément au testament de Louis XIV, du conseil de régence, bien qu'il eût été chargé de la présidence du conseil de guerre, qui remplaça la secrétairerie d'état de la guerre, il se déclara bientôt tellement « fatigué des jalousies, des intrigues et des cabales, » que suscitait la conduite du Régent, qu'il se décida, vers la fin de l'hiver de 1716, à faire le voyage de Provence qu'il avait depuis longtemps déjà projeté.

Il n'avait pas perdu de vue les affaires de Marseille, car il écrivait le 12 septembre, quelques jours après la mort de Louis XIV :

« Je sais, Monsieur, ce qui a retardé l'expédition de l'arrêt qui doit former la commission pour les affaires de Marseille, mais comme M. Le Bret me mande que si les papiers étaient rapportés, il pourrait commencer à disposer toutes choses, en sorte qu'à mon arrivée dans ce pays-là, je trouverais de plus importantes matières prêtes à décider... Quand je suis parti d'ici pour Barèges, je ne demandai pas mieux que de passer quatre ou cinq mois dans ces pays-là. Si M. le duc d'Orléans me fait l'honneur de me continuer dans le conseil de la régence, comme il me l'a fait espérer, je voudrais bien n'être qu'un mois ou tout au plus six semaines en Provence. Les Marseillais se sont imaginés que je pouvais leur être utile en décidant promptement et justement leurs affaires. Je m'en fais un point d'honneur et de conscience. Aussi,

Monsieur, je désirerais fort que les papiers fussent en chemin. Permettez-moi de vous prier d'accélérer leur départ et celui de M. de Maupeou[1]. »

Les papiers dont il était question, étaient ceux que M. de Harlay avait emportés six ans auparavant; ils furent remis le 6 novembre à M. Lenoir et bientôt envoyés à Marseille; malgré les réclamations de quelques échevins, qui demandaient, à l'instigation, croyait Villars, de M. de Harlay, que Le Bret ne fût pas leur juge, celui-ci fit partie de la commission. « La régence, écrivait Villars, a été unanime pour donner des éloges à la probité de M. Le Bret; mais pour calmer les esprits, elle nommera deux commissaires de plus. » Villars désigna le président de Bezieux; Le Bret proposa d'abord le marquis de Castellane d'Ampus, dont la nomination était subordonnée à l'avis de l'évêque de Fréjus[2], puis le Président de Bourbon. Le maréchal lui écrit le 27 novembre :

« Les papiers envoyés à Marseille ne devaient pas vous empêcher de commencer un travail qui vous est entièrement confié jusqu'à ce que j'arrive, et vous croyez bien qu'après mon arrivée votre crédit ne

1. Lettres des 30 septembre, 26 octobre, 6 et 20 novembre, 29 décembre 1715. — Le 11 novembre, Villars avait aussi écrit à Le Bret : « Je vous supplie de me mander si par votre travail et ma bonne volonté, car je ne vous offre pas mes talents, nous pourrons tirer cette ville de Marseille de sa ruine presque infaillible. »
2. Archives Nationales, G⁷ 481.

diminuera pas. La commission augmentée ne peut, ce me semble, détruire nos bonnes intentions. Vous voyez bien que l'on n'y met personne dont vous ne vous accommodiez. L'on cherche par préférence la droiture, l'esprit et la capacité, et il me semble que quatre bonnes têtes qui peuvent quelquefois se partager les affaires ne sauraient rien gâter. Vous me proposez M. le président de Bourbon. J'en avais déjà parlé à M. l'archevêque d'Aix. Il le croit trop occupé des affaires de la province; mais je crois qu'une bonne tête peut remplir plus d'un devoir. »

La commission ne fut définitivement instituée que par arrêt du conseil du 5 février 1716[1]. Malgré l'avis de Le Bret, qui trouvait « que pour les affaires de détail on ne peut être en trop petit nombre[2] », elle fut composée de six membres. Villars la présidait; outre Le Bret, les présidents de Bezieux et de Raousset Bourbon, on lui adjoignait le procureur général De la Garde et le conseiller de Felix, marquis du Muy[3]. L'élément parlementaire y dominait complètement, et le premier président ne pouvait que s'en féliciter. Ses travaux auraient peut-être traîné pendant lontemps si Villars ne les avait activés par sa présence,

---

1. Cet arrêt mit 107,874 fr. à la charge des consuls pour irrégularités de formes de 1678 à 1715; mais l'État usa d'indulgence et ne leur fit rien payer. (A. Fabre, les *Rues de Marseille*, t. II, p. 258.)
2. Lettre de 20 novembre 1715. « Je crois qu'il y aura trop de monde dans votre commission, » disait Le Bret.
3. *Édit du Roy* de mars 1717, Marseille, 1717. Préambule.

s'il ne les avait dirigés avec l'ardeur et la persistance qui le caractérisaient. A peine est-il arrivé à Marseille qu'il réunit la commission, la stimule et se consacre sans relâche à l'examen des affaires qu'elle a la mission de régler : « Nous travaillons très vivement aux affaires de Marseille, écrit-il au Régent le 19 avril 1716, et nous y donnons cinq heures les après-midi, sans compter les examens particuliers auxquels M^{rs} les commissaires donnent les matinées. Votre Altesse Royale est informée de l'affreux désordre qui était dans les deux affaires de Marseille et de la Chambre de commerce, dont on ne pouvait différer les remèdes sans un péril manifeste de la ruine totale. »

Le 14 mai, les travaux de la commission ne sont pas terminés, et Villars écrit de nouveau au Régent : « Nous trouvons bien des négligences et même fautes plus considérables à corriger et punir dans l'administration des deniers de la ville et la Chambre de commerce est dans les mêmes désordres. Nous y travaillons très vivement, et j'espère toujours pouvoir partir dans le 15 ou 20 juin, pour avoir l'honneur de me rendre auprès de Votre Altesse Royale[1]. »

Villars ne put quitter Marseille que le 4 juillet. Les affaires qu'il avait eu à régler n'étaient pas seulement municipales, elles concernaient aussi le commerce si important de cette grande ville avec l'Orient. La Chambre de commerce, dont les échevins faisaient

1. Archives des Affaires Étrangères, France, n° 1732.

partie, se composait de dix-huit membres, élus par ces échevins et ratifiés par le Conseil de ville. Un sieur Glesse y avait usurpé la principale autorité; par les intelligences qu'il ménageait avec les commis de la Cour, il réglait les différents commerces que cette puissante ville a dans toute la Méditerranée. Il avait des ordres de la Cour pour faire partir les navires quand il voulait, et l'on se plaignait de ce qu'il troublait la liberté du commerce, « laquelle seule peut le faire fleurir. »

L'enquête sur les affaires de la ville et du commerce fut sérieuse et minutieuse. Les gentilhommes, les bourgeois, les négociants et les principaux habitants de la ville furent entendus; les comptes furent examinés et revisés; et les commissaires, ainsi renseignés, purent jeter les bases d'un nouveau règlement municipal, qui déterminait principalement le mode d'élection et les attributions des échevins et des autres officiers municipaux. La rédaction des 147 articles de ce règlement fut sans doute longue, car il ne fut mis en vigueur que par un édit du roi « donné au mois de mars 1717. »

CHAPITRE XII

Villars en Provence.

Depuis qu'il en avait été nommé gouverneur, Villars avait toujours manifesté l'intention de venir en Provence. Il écrivait même, le 19 janvier 1713, qu'il comptait se rendre tous les ans aux états. Le 24 avril, il formait le projet de « gagner sa chère Provence », en revenant des eaux de Barèges. Le Bret lui avait offert un appartement; celui du gouverneur n'était ni beau ni commode, étant garni de meubles « assortissants à son antiquité » et qui d'ailleurs appartenaient à Grignan. Villars lui répondit : « Je n'accepte pas vos offres obligeantes... il ne serait pas honnête de ne pas mener un équipage en Provence. Pour envoyer des meubles à Aix, je ne sais si je prendrai ce parti-là : pourvu que je puisse avoir l'appartement pour manger, cela me suffira. » Mais les événements en avaient décidé autrement; la guerre et les négociations ne permirent pas pendant dix-huit mois à Villars de songer à son voyage en Provence. Le 29 septembre 1714, il déclare qu'il « a la plus grande envie du monde d'y aller ». « Le grand voyage que je viens de faire, dit-il, ne fait que me mettre en haleine pour en recommencer d'autres ; mais comme il n'y a pas encore d'ambassadeur de l'Empereur établi ici, le roi a voulu absolument que j'entretienne directement un commerce avec le prince Eugène... aussi je pourrai bien n'être pas entièrement libre de deux mois. »

Deux mois après, « les affaires commencées dans les pays étrangers », ne lui permettaient pas de fixer l'époque de son voyage. Il en était cependant fortement question au printemps de 1715. L'archevêque d'Aix se préoccupait beaucoup du logement de Villars, des réparations que l'on devait faire au Palais d'Aix pour les lui préparer, de l'impossibilité où Villars serait par suite de sa blessure à la jambe, de « monter le degré ». Il insistait sur la nécessité de lui trouver une habitation convenable et aisée. « C'est faire les affaires de la Provence, disait-il à Le Bret, que de lui procurer des protections certaines. » Le maréchal paraissait y attacher moins d'importance. « Je sais, écrivait-il le 1er mai, que le logement est horrible. Il est bien certain qu'il faut une habitation pour le gouverneur... mais nous verrons cela quand je serai sur les lieux. » Ne pourrait-il d'ailleurs loger chez les particuliers? Son séjour n'excédera pas trois mois. D'ailleurs son voyage est de nouveau ajourné à l'automne. Villars n'emportera pas de meubles, « seulement ce qui est nécessaire pour sa table, un carrosse et quelques chevaux de main. » Il répète qu'il ne lui faut à Aix qu'un « lieu pour tenir sa table. » L'intendant l'invite à venir loger chez lui; son escalier est plus large, plus droit et moins haut que celui du palais, et cette considération n'est pas à dédaigner, l'usage étant de reconduire dans la cour jusqu'à la porte de la maison le Parlement, la chambre des comptes, les trésoriers de France, les membres des chapitres de la ville et l'université, qui ne peuvent manquer de venir présenter leurs hommages au gouverneur.

Ce voyage, comme nous l'avons vu, fut retardé par la mort du président de Maisons et du roi. Si le dépit de ne pas jouer un rôle conforme à son ambition dans le conseil de régence en détermina la réalisation, il n'en est pas moins vrai que depuis longtemps il était projeté. Le 3 mars 1716, Villars arrivait à Lyon, où le fils du prévôt des marchands lui lut une pièce de vers, et faisant allusion à son prénom d'Hector, le compara au héros troyen dans les termes suivants :

> Le vieux Hector coûta bien des larmes à Troye;
> Le nouveau de la France est l'amour et la joie[1].

Le vice-légat le reçut magnifiquement à Avignon. Ayant quitté cette ville le 9 mars à trois heures de

---

1. *Journal historique de Verdun*, 1716, p. 404.

l'après-midi, le maréchal trouva sur les bords de la Durance les procureurs de la province, la plus grande partie de la noblesse[1], et les députés des cours souveraines venus pour le saluer aux limites de sa province. La compagnie de ses gardes l'attendait également. Après avoir couché à Orgon, il se dirigea vers Lambesc; à une lieue de cette ville, l'archevêque d'Aix, le premier président Le Bret, les évêques de Riez et de Vence vinrent au-devant de lui. A coup sûr, le maréchal fut sensible à cet accueil, bien qu'il ait dit dans une de ses lettres[2], en parlant des formalités : « Je suis l'homme du monde qui en désire le moins pour moi, mais à qui il en coûte le moins d'en faire avec tout ce qui est susceptible de cérémonial[2]. »

Pour la première et unique fois, Villars allait présider l'assemblée générale des communautés qui, comme on le sait, se tenait à Lambesc. Aimant la représentation, il avait tous les jours une table de quarante couverts, et une autre ouverte à tous ceux qui se présentaient. La session, qui commença le 11 mars, fut inaugurée par une grand'messe en musique, célébrée par l'archevêque d'Aix dans l'église des Dominicains. On se rendit ensuite dans la grande

1. L'assemblée du corps de la noblesse avait décidé le 1er mars qu'on rendrait au maréchal de Villars les mêmes honneurs qu'au maréchal de Vitry, et régla le cérémonial et les discours qui auraient lieu à son entrée. (*Inv. Arch. Bouches-du-Rhône*, C. 108.)

2. Lettre du 21 février 1715, au Président de Beauville.

salle de leur couvent, où le gouverneur ouvrit l'assemblée par une harangue, à laquelle répondirent l'archevêque d'Aix, président des états, et l'assesseur. La session ne paraît avoir présenté aucune particularité remarquable, si ce n'est le vote d'un présent de 20,000 l. pour le gouverneur et de 5,500 l. pour les officiers de sa suite. Des remerciements lui furent aussi votés pour ses démarches couronnées de succès en faveur d'une diminution de la capitation [1]. Villars cependant s'étonna d'un usage qui s'était établi de faire réduire de moitié ou remettre par le gouverneur des contributions assises sur les terres adjacentes. Il en écrivait au régent le 18 mars :

« Le comte de Grignan trouva, il y a quarante-six ans, l'usage ancien de modérer à la moitié l'imposition que la cour faisait sur les terres adjacentes de Provence et il le continua par des ordonnances visées par les intendants... Les trois commissions pour Marseille, Arles et terres adjacentes ont toujours contenu des clauses ou expressions qui signifiaient que l'on en userait comme les années précédentes. » Villars insista ; il interrogea l'archevêque et l'intendant, qui parurent très étonnés... « Ils savaient parfaitement que Marseille et Arles n'avaient jamais rien payé. Le fait a été très aisé à vérifier, en visitant les registres de ces deux villes. Je ne m'en suis pas contenté,

---

1. Blancard, *Inv. des archives des Bouches-du-Rhône*, C. 63.

ajoute-t-il le 19 avril, j'ai prié ces deux messieurs de s'informer auprès d'Amphossy (secrétaire du feu comte de Grignan). Il a répondu qu'il n'en avait jamais été question pour Marseille et Arles, qu'il y en avait une pour les terres adjacentes modérées à 37,500 l... Je n'ai pas laissé d'être surpris que l'usage fut d'expédier tous les ans deux ordonnances de 70,000 l. chacune qui étaient absolument inutiles, car je suis très persuadé qu'il n'en est jamais rien revenu à M. de Grignan, et même on l'aurait su depuis six mois, outre qu'il est impossible que les villes donnent sans que cela soit connu. J'ai cru, Monseigneur, devoir me donner l'honneur d'informer Votre Altesse Royale de ce détail. »

Il y revint encore le 14 mai; il rappela qu'il en avait informé MM. de Villeroy et de Noailles. « Le maréchal de Villeroy seul a répondu qu'il n'était pas possible de demander aux villes de Marseille et d'Arles ce qu'il était constant qu'elles n'avaient jamais payé, ni aux terres adjacentes plus qu'elles n'avaient payé. Je suis persuadé que Votre Altesse Royale approuvera que je suive ce qui a toujours été pratiqué[1]. » Cependant Villars raconte, dans ses Mémoires, qu'il écrivit au régent que, selon lui, « la diminution devait se tenir de la grâce du maître et non de celle du gouverneur, » et que le Régent approuva sa

1. Lettres des 18 mars, 19 avril, 14 mai 1715. (Archives des affaires étrangères, France, n° 1732.)

modération[1]. Il paraît peu vraisemblable que le gouverneur ait renoncé de lui-même à l'une de ses prérogatives. Dans tous les cas, n'était-ce pas un fait singulier que le bon plaisir d'un haut fonctionnaire et l'usage aient pu modifier et même annuler des contributions régulièrement décrétées?

Avant de quitter Lambesc, le gouverneur assista au service solennel que les États de Provence firent célébrer pour l'âme du feu roi ; l'archevêque officia, et l'oraison funèbre de Louis XIV fut prononcée par le P. Moricaud, dominicain[2].

La session terminée, le gouverneur s'empressa de faire son entrée solennelle dans la capitale de sa province. L'année précédente, il avait voulu défendre absolument les préparatifs que les villes avaient l'intention de faire pour l'accueillir. Le Bret avait répondu que les procureurs et les consuls « ressentiraient de la peine de cette interdiction, par rapport au désir qu'ils avaient de manifester leur respect et leur attachement au gouverneur, mais que cependant cette décision éviterait des frais aux communautés[3]. » Villars se laissa sans nul doute toucher par la crainte de causer de la peine aux autorités non moins

1. Les Mémoires sont dans l'erreur, en disant que le gouverneur diminuait de moitié les impositions de 70,000 l. sur Marseille et Arles ; ces villes ne payaient rien ; la diminution, on l'a vu, avait lieu sur les 70,000 l. des autres terres adjacentes.
2. *Gazette de France* du 23 mai 1716.
3. Lettre de Le Bret du 26 juillet 1715. (Bib. Nat., fr., 8905.)

que par le désir de satisfaire à ses propres inclinations. Ne se jugeant pas traité selon son mérite à Paris, il ne pouvait lui déplaire d'être reçu presque en souverain à Aix. En arrivant aux limites du territoire de cette ville, le 22 mars, il trouva les consuls et l'assesseur, entourés de la compagnie des marchands, des membres du parlement, en robe noire et à cheval, escortés par une cavalcade de cent gentilshommes et par les cinq compagnies des arts et métiers. Tous l'accompagnèrent jusqu'aux portes de la ville. Le maréchal descendit de carrosse à la Chapelle Saint-Laurent; il s'avança jusqu'aux portes, où les magistrats municipaux le haranguèrent, lui offrirent les clefs de la ville et lui présentèrent un dais. Selon l'usage, le gouverneur refusa les clefs et le dais. Des arcs de triomphe avaient été dressés sur son passage; des fontaines de vin coulaient dans les carrefours, et ce fut au milieu des rues pavoisées et remplies d'une foule avide de le voir que le maréchal se rendit à la cathédrale, sur le seuil de laquelle l'attendait l'archevêque et son clergé. L'archevêque le salua par un discours, qui fut suivi d'un *Te Deum*.

La question du logement avait été résolue selon les vues de Le Bret et de l'archevêque. Le plus bel hôtel d'Aix, celui du comte d'Éguille, avait été disposé pour le recevoir. Le Parlement et les autres cours souveraines vinrent en corps l'y complimenter. Le doyen de la cour des comptes était en exercice depuis 1656. — « Vous avez dû voir beaucoup de choses, » lui dit le maréchal. — « Jamais rien d'aussi grand que vous », se serait empressé de répondre le doyen.

Quelques jours après, le 26 mars, Villars se rendit au Parlement, prit la place du doyen et fit son compliment à la compagnie. Il fut cependant froissé de ce que les conseillers ne se fussent pas levés à son entrée comme le faisaient les ducs et pairs à Paris; mais comme on lui fit observer que les ducs se levaient seuls à l'arrivée d'un de leurs pairs, il n'insista pas et reconnut la justesse de l'observation[1].

Les quinze jours pendant lesquels le maréchal séjourna à Aix se passèrent en réceptions et en fêtes. Il y tenait une table de quarante couverts, où toutes les dames mangeaient à dîner et à souper. Les repas étaient suivis de « rigodons très agréables, » qui commençaient par les femmes de la bourgeoisie, qui venaient voir dîner ou souper, et se continuaient par les dames admises à la table du gouverneur. Les dames d'Aix, qui vivaient d'une manière plus réservée, du moins en apparence, que celles des autres villes de France, s'assemblaient rarement; elles n'avaient pas eu un seul bal l'hiver précédent; « de sorte, dit le maréchal dans ses Mémoires, qu'elles se familiarisèrent un peu plus par ceux qu'il donnait tous les jours chez lui ».

1. Roux Alpherand, les Rues d'Aix, t. II, p. 265.

Il fallait pourtant se rendre à Marseille, qui était le but principal du voyage. L'accueil n'y fut pas moins magnifique qu'à Aix. Le marquis de Pilles et la noblesse allèrent à la rencontre de Villars, aux limites du territoire; les échevins, à cheval, suivis des principaux bourgeois et marchands également à cheval, vinrent le recevoir à l'entrée des faubourgs. L'avocat de la ville, Timon, lui adressa une harangue, où il le qualifia de « restaurateur de la France, de réparateur de nos pertes, d'ange tulélaire », en se faisant l'organe des transports que sa venue causait au peuple. Comme à Aix, Villars refusa les clés et le dais, qui lui furent offerts. Des arcs de triomphe, ornés de tapisseries, décoraient les rues, des boîtes furent tirées en son honneur, et lorsqu'il descendit de cheval pour entrer à la cathédrale, l'affluence du peuple fut telle que si Villars ne s'était retourné, « avec un air qui inspira de la crainte et du respect, de graves accidents auraient pu se produire. »

Après le *Te Deum*, Villars, entouré de ses pages, de ses gardes et de ses officiers, au bruit de la musique, des acclamations et des canons, qu'on tirait à boulets de la batterie voisine, se rendit à l'hôtel de Noailles[1], où ses logements avaient été préparés. Pendant les trois mois qu'il y résida, il y tint matin et soir sa table de quarante couverts. « Comme une de mes

1. Méry et Guingon, *Hist. des actes... de la municipalité de Marseille*, t. VII, p. 492 à 494.

maximes, dit-il dans ses Mémoires, a toujours été de mêler les affaires avec les plaisirs... toutes les dames y venaient; on dansait beaucoup; le soir, il y avait des bals même dans les rues et les places publiques; car en ce pays-là il ne faut qu'une flûte et un tambourin pour faire danser tout le peuple, et les dames se mêlent souvent à ces danses populaires. Il y avait alors à Marseille un assez bon opéra, une comédie, et, en un mot, le séjour que je fis en cette ville y fut tout à la fois agréable et utile. »

En effet, le gouverneur s'était consacré consciencieusement à la tâche ardue de rétablir les affaires de la ville. On a vu comment il consacrait cinq heures par jour aux travaux de la commission chargée de les régler. Il se vante lui-même d'avoir pu remédier à la plupart des abus et d'avoir mis « cette ville puissante et magnifique en état de reprendre sa première splendeur ». Son activité s'exerçait tout autour de lui; il visitait les prisons d'État et faisait relâcher les deux frères de Chaillan enfermés au fort de Notre-Dame de la Garde pour des affaires de famille[1]. Il cherchait à apaiser les querelles du molinisme et du jansénisme, qui suscitaient des troubles à Grasse et des agitations à Marseille. Il fit enfermer un « janséniste outré » coupable d'avoir fait quelques vers où la mémoire du feu roi n'était pas respectée. » Il vi-

---

1. Lettre de Le Bret, du 31 mai 1716. (Bibl. nat., fr., 8906.)

sita le port et constata l'état déplorable des galères[1], qui étaient hors d'état de prendre la mer, quoique suffisamment garnies de troupes et de forçats; mais, sous ce rapport, impuissant à remédier au mal, il ne put qu'en gémir.

A Toulon, où il alla passer quelques jours[2], il vit près de trente vaisseaux entièrement abandonnés, « citadelles flottantes, dit-il, dont quelques-unes avaient cent vingt pièces de canon, et qui auparavant allaient porter la gloire du roi, celle de la nation et la terreur de nos armes jusqu'aux extrémités de la terre. » Il n'oublia pas d'aller visiter sa principauté de Martigues. Il avait été question en 1715 d'établir un canal entre le Rhône et cette ville. Villars, pendant son séjour en Provence, s'occupa d'un autre travail qui intéressait davantage la région; parce qu'il devait abréger considérablement le trajet d'Arles à la mer. En 1711, le cours du Rhône s'était déplacé; un nouveau bras, plus direct, s'était formé, à travers des marais salés où les agents des gabelles lui avaient ouvert un passage. Il s'agissait, au moyen de digues, d'assurer la navigation sur ce bras du

1. Les galères du roi, dit une note de 1687, y sont au nombre de quarante; elles attirent 8,000 hommes dans la ville, mariniers, soldats ou bas officiers, dont on doit craindre du désordre. Il y a un an, ils se sont battus à coups d'oranges avec les artisans, et les magistrats eurent beaucoup de peine à rétablir l'ordre. (Bibl. nat., fr., 8839.)

2. Il y fit son entrée le 22 juin. (O. Teissier, *Inv. des archives de Toulon* B B. 79.)

fleuve, qui en est encore aujourd'hui l'embouchure principale. Villars ne se contenta pas de se faire soumettre les plans des ingénieurs; il se rendit avec eux sur les lieux, il y passa deux jours, il reconnut que la dépense serait peu considérable, et de retour à la cour, il put obtenir les fonds nécessaires pour l'endiguement de ce bras du Rhône, qui reçut de lui et porta de son vivant le nom de Canal de Villars [1].

1. Ni M. Ernest Desjardins, dans son *Aperçu historique sur les embouchures du Rhône, travaux anciens et modernes* (in-4°, 1866, ch. III), ni M. Lenthéric, dans son livre sur *la Région du Bas Rhône* (in-12, 1881, ch. IV.) ne parlent de la part pourtant très sérieuse que prit Villars à la canalisation du bras principal du fleuve. Ce bras, qui fut désigné d'ordinaire sous le nom de Canal de Provence, portait le nom de canal de Villars en 1720, si l'on en juge par le passage suivant d'une lettre du maréchal du 17 Mai : « L'autre affaire est sur le besoin de l'eau d'un petit canal allant de ce qu'on appelle le Canal de Villars à la mer. Il est bien certain que lorsque le Rhône est trop bas pour donner de l'eau à la terre de Faraman, le canal de Villars qui ne grossit que par les eaux du Rhône est assez fort pour que l'on donne les eaux nécessaires. Ce sont des commis qui consentent, suivant leur volonté, à donner ou ôter cette eau, et je crains bien qu'ils veuillent quelquefois faire payer ce qui doit être donné. » Mais l'endiguement du bras principal du Rhône ne paraît pas avoir produit les résultats qu'on en attendait, car Villars parlait en février 1725 d'un mémoire de Niquet sur le canal de Villars, et il écrivait le 25 mars : « Il faut absolument que la France ait un commerce navigable avec la Méditerranée. Il n'est plus question que d'examiner si l'on peut se servir du Rhône, puisque si cela n'est pas, il faut le canal. Ce dernier point proposé, il faut éviter les dépenses inutiles. M. d'Asfeld... m'assure que le sieur Descnés est non seulement un honnête homme, mais un des plus forts ingénieurs qu'il y ait dans les fortifications. » Le 7 septembre 1733, Villars parlait d'envoyer à M. d'Asfeld une carte et des mémoires de M. de la Blottière. On avait aussi étudié sous la Régence

Avant de quitter Marseille, le 2 juillet, le maréchal, assisté du viguier et de l'échevinage, posa la première pierre de l'église Saint-Ferréol, dont le plan avait été arrêté en 1693. Elle ne fut terminée qu'en 1740 pour être détruite à la Révolution[1].

Sa dernière étape en Provence fut la ville d'Arles, l'une des plus importantes de son gouvernement. « L'archevêque Jacques de Forbin-Janson, qui est un saint homme, » dit Villars dans ses Mémoires, « et fort attaché aux sentiments opposés de ceux qu'on appelle jansénistes au sujet de la constitution, me fit une harangue qui ne roulait que sur la nécessité de la soutenir. »

D'Arles, Villars revint à Paris en passant par Nîmes, où le duc de Roquelaure et l'intendant de Languedoc, Basville, vinrent le recevoir; par Montpellier, où il vit la princesse d'Auvergne; par Avignon, où il visita le prétendant au trône d'Angleterre, qu'il qualifie de roi d'Angleterre. Il était, le 22 juillet, à Villars, où il trouvait grande compagnie, parmi laquelle la la princesse de Conti, fille de Louis XIV, et « bien des dames[2] ». Le *Journal de Verdun* ajoute « qu'il reprit sa place au conseil pour les affaires de la guerre : ce qui détruit, dit-il, les contes fabuleux que certaines

---

l'établissement d'autres canaux, notamment d'un canal à dériver de la Durance, et qu'on voulait faire passer à Aix pour aboutir à Marseille. (Arch. nat., G 7, 482 et 483.)

1. O. Teissier et Laugier, *Armorial des échevins de Marseille*.
2. Lettre du 22 juillet 1717.

gens débitèrent au sujet de ce seigneur, lorsqu'il fut parti pour son voyage de Provence [1] ». On avait prétendu, en effet, que le régent l'avait exilé, soit parce que le maréchal l'aurait desservi auprès de Louis XIV, soit parce qu'il lui aurait dissimulé un article secret du traité de Bade. On racontait aussi que l'impertinence avec laquelle il aurait reçu des placets aurait mécontenté le régent, qui se serait plaint d'avoir été contredit par lui au conseil [2]. Personne ne pouvait admettre qu'un personnage dans la haute situation de Villars quittât volontairement la cour pour aller s'occuper pendant près de cinq mois des intérêts de son gouvernement.

Ce fut, du reste, son dernier et seul voyage en Provence. La peste de Marseille, comme on le verra plus loin, ne put l'y attirer. Il eut bien encore quelque velléité d'y retourner. En 1728, il témoigna le désir d'aller y passer quelques mois de la belle saison, mais il se hâtait d'ajouter : « Quand on est attaché par un pied à la cour, il n'est guère possible de s'en éloigner [3]. »

A Paris, du reste, il avait retrouvé la faveur du prince et l'admiration du peuple. Au mois de juin 1717, il apparaissait dans une revue passée aux Champs-Élysées, plus glorieux que jamais, superbe-

1. *Journal de Verdun*, octobre 1716, p. 255.
2. Buvat, *Journal*, t. I, p. 116, 122; t. II, p. 145.
3. Lettre du 15 juillet 1728.

ment vêtu, à la tête de soixante ou quatre-vingts officiers bien montés et tous costumés magnifiquement [1]. Au commencement de l'année suivante, il n'avait jamais été plus puissant. « Le régent, dit-il à cette époque, n'a jamais voulu que je remisse la place de présidence du conseil de guerre et m'a honoré de plus de marques de confiance et d'autorité que jamais [2]. »

1. Buvat, *Journal*, t. I, p. 276.
2. Lettre du 15 février 1718.

CHAPITRE XIII

L'échevinage de Marseille.

En présidant à la rédaction du règlement municipal de Marseille, Villars déclara que dans les élections « il ne donnerait sa protection à personne, qu'il voulait une liberté entière et qu'il ne se mêlerait de ces sortes d'affaires, absent ou présent, que pour empêcher le mal ». Des précautions ingénieuses étaient prises ou maintenues par le règlement pour remédier aux brigues dont on s'était plaint à diverses reprises pour les nominations des échevins. Selon l'usage d'un certain nombre de villes, le sort était combiné avec le choix pour mieux assurer l'indépendance des suffrages[1]. Tous les ans, le 28 octobre, les échevins et les conseillers de ville se réunissaient à

---

1. Le règlement de 1717 revint sous ce rapport au règlement de 1652 qui avait été modifié en 1660. (Voir les commentaires sur le projet de règlement dressé par le procureur général de la Garde. Bibl. nat., fr., 8906.)

l'hôtel de ville, sous la présidence du viguier. Une urne placée sur un piédestal élevé renfermait autant de ballottes qu'il y avait de membres présents; six de ces ballottes étaient bleues, les autres blanches. Ceux qui tiraient les ballottes bleues choisissaient quatre négociants pour le premier chaperon, et autant de bourgeois ou marchands; ils les proposaient au conseil, qui les approuvait ou les rejetait à la ballotte secrète. Les noms approuvés étaient alors placés dans quatre boules d'argent, que le secrétaire archivaire déposait dans une boîte dorée. Celle des quatre boules, qui sortait la première de la boîte remuée par le viguier et les échevins, désignait le premier échevin; il était procédé de même pour le second, et il ne restait plus qu'à faire approuver leur désignation par le roi.

Depuis que Marseille avait perdu en 1660 une partie de ses libertés municipales, et que ses consuls, dont une partie appartenait à la noblesse, avaient été remplacés par quatre échevins choisis parmi les négociants, sous la présidence d'un gouverneur viguier, de nombreuses brigues avaient eu lieu pour les élections municipales. En 1687, le roi avait écrit au père de Le Bret : « Les élections des échevins et des députés du commerce se font par intrigues et par des considérations de parenté et d'intérêts particuliers... Mon intention est que le plus grand nombre de ces places soit rempli par des négociants les plus habiles et les plus honnêtes gens, et je vous charge de tenir la main à ce que l'ordre que je vous en donne soit exécuté[1]. » Mais on a vu que, malgré l'intervention de l'autorité supérieure, les affaires de Marseille avaient été compromises par les échevins et que des poursuites avaient été dirigées contre plusieurs d'entre eux. Ils se querellaient avec les autres autorités et même entre eux. En 1713, deux échevins menaçaient d'en venir aux voies de fait, et l'on avait été obligé de leur enjoindre de venir à l'hôtel de ville alternativement. « Pour peu même que vous jugiez à propos de les mettre à même de se trouver ensemble et de s'étrangler, écrivait le maréchal de Tessé à l'intendant, je vous assure que je n'aurai aucune répugnance à le faire[2]. »

Le règlement de 1717 diminua les brigues, mais sans relever de beaucoup le niveau moral de l'échevinage. D'après une ancienne coutume, qui avait sa source dans les traditions romaines et que plusieurs villes pratiquaient, les charges d'échevins étaient obligatoires. Comme elles étaient plus onéreuses que lucratives, c'était à qui chercherait à s'en faire exempter. En 1715, un sieur Porry motivait son refus sur ce qu'il était noble et non négociant. Il gagna son procès, malgré l'avis de Villars. « Il me semble, écrivait

1. Lettre du 28 octobre 1687. (Bibl., nat., fr., 8830.)
2. Lettre du 14 septembre 1713. (Bibl. nat., fr., 8900.) — Le maréchal de Tessé commandait alors à Marseille comme général des galères.

celui-ci, le 31 décembre 1715, que ce sont ces procès-là qui ne devraient jamais être gagnés, et, selon moi, il suffit que l'on veuille se dispenser de servir le public pour être condamné. » Il admettait même difficilement que la raison de santé fut une excuse suffisante. Un négociant, l'ayant invoquée en 1720, la voyait contestée, parce que, de l'avis de l'intendant, « il passait pour honnête homme et qu'il serait fâcheux de s'en priver. » En 1722, la même question revint sur le tapis, et Villars voulut la faire trancher pour l'avenir.

« J'ai eu l'honneur, écrit-il à Le Bret, de parler à son Altesse Royale sur la nécessité de laisser une liberté entière à messieurs de Marseille pour l'élection des échevins, intendants de santé et autres officiers municipaux, c'est-à-dire pour qu'aucune sorte de charge, emploi ni commission ne puisse être une raison pour s'exempter de ce premier devoir. Son Altesse Royale m'a fait l'honneur de me dire qu'elle était persuadée que ce que je proposais était raisonnable. M. le cardinal Dubois, premier ministre, à qui j'en ai parlé, m'a aussi demandé un mémoire sur cela, et j'ai lieu de croire qu'il aura la bonté de remédier à un aussi grand inconvénient que celui de ne pouvoir élire les sujets les plus capables de cet emploi ; j'ai toujours été surpris que des gens de mérite pussent se refuser de se prêter au bien public et de ne pas se croire honorés quand leurs concitoyens les choisissent pour gouverner les grands intérêts de la patrie ¹. »

Certains titres, certaines charges conféraient l'exemption du mandat échevinal; il en résultait que les citoyens les plus distingués en étaient dispensés. Villars ne pouvait l'admettre. Il le répétait en 1724 : « Marseille, disait-il le 7 juin, par sa situation et par le génie de ses habitants doit devenir une des plus puissantes villes de l'Europe. L'intérêt du roi et de l'État est qu'on la protège dans de telles vues et espérances ². Se peut-il que ses habitants que l'on veut protéger veulent s'exempter des charges municipales? Pour moi, je le trouve honteux, et les habiles et honnêtes négociants pensent comme moi sur cela; je vous supplie de ne pas faire attendre l'arrêt dont il est question; M. le contrôleur général l'attend. »

Cet arrêt, rédigé par Le Bret, avait pris pour règle celui qui venait d'être donné pour la ville de Saint-Malo; mais aux secrétaires du roi, qui pouvaient devenir échevins lorsqu'ils se livraient au commerce, l'intendant de Provence était d'avis d'ajouter pour Marseille les trésoriers de France, les questeurs de la rédemption des captifs et les fabriciens des mendiants. Une déclaration du roi, en date du 27 juillet 1724, supprima presque entièrement les dispenses

1. Lettre du 14 septembre 1722.
2. Villars tient à cette idée, car il l'avait émise presque textuellement dans une lettre antérieure, du 27 avril 1724.

pour les citoyens de Marseille élus aux charges publiques[1].

Les secrétaires du roi, qui faisaient le commerce, n'étaient plus dispensés ; aussi plusieurs d'entre eux firent-ils signifier à l'échevinage par acte authentique qu'ils renonçaient au négoce. Villars est « indigné de la conduite de ces citoyens, qui cherchent par une lâche et honteuse paresse à ne se mêler en rien du bien public... Je les punirais, si j'en avais l'autorité, dit-il. Je leur citerai l'exemple de ce que j'ai vu dans le Briançonnais : des commandants très riches, ayant de grands biens dans les grosses villes d'Italie, se faire honneur de venir exercer l'année de leur consulat dans un petit village et quitter pendant ce temps-là de très riches habitations pour manger du pain de six mois. Nos secrétaires du roi de Marseille sont bien éloignés de ces maximes d'honneur et de vertu. Mandez-leur un peu ce que vous pensez sur cela et que vous ne les protégerez pas dans leur pusillanimité[2]. » Et pour qu'ils soient mieux informés de sa manière d'apprécier leur conduite, le maréchal écrit dans le même sens au premier échevin Alphanty et à l'archivaire Capus.

L'insuffisance des indemnités accordées aux quatre échevins était peut-être une des raisons qui écartaient les candidats. D'après le règlement de 1717, ils rece-

1. A. Fabre, les *Rues de Marseille*, t. II, p. 258.
2. Lettre du 18 octobre 1724.

vaient ensemble une somme de 2,751 l., pour la nourriture de leurs valets, leurs robes d'écarlate et de damas, leurs chaperons et leurs fanaux. On pouvait y ajouter une dépense de 90 l. pour le déjeûner qui leur était servi les jours des fêtes du Saint-Sacrement et de Saint-Lazare. Aussi, dès 1727, demandaient-ils une augmentation d'appointements, que Villars appuyait auprès du Régent et de M. de La Vrillière : « ils me paraissent, disait-il, dans de bonnes dispositions. » En 1724, les échevins recouraient aussi à la protection du gouverneur pour demander que leurs attributions et leurs privilèges fussent étendus. Ils auraient voulu que le premier d'entre eux pût présider le conseil de ville en l'absence du viguier, et qu'on leur accordât pendant toute leur vie l'exemption de tutelle, de curatelle et de séquestration, pour faire cesser l'appréhension que l'on éprouvait d'être échevin. Villars ne prit pas sur lui d'appuyer cette requête sans avoir demandé l'avis de l'intendant[1].

Si les places d'échevins n'étaient pas toujours recherchées, s'il se trouvait plus de gens peut-être pour les décliner que pour les briguer, il n'en était pas de même de certaines fonctions municipales secondaires, mais lucratives. Elles étaient parfois convoitées au point de faire appel à toutes les influences pour les obtenir. En 1713, Gaspard Rémuzat, an-

---

1. Lettres des 20 et 29 janvier 1720, 23 décembre 1724.

cien notaire de la ville, demandait que la charge de greffier secrétaire de Marseille fut rendue héréditaire ; il adressait à ce sujet un placet au roi, en le faisant appuyer auprès du contrôleur général Desmarets par une femme attachée au service de Mme de Maintenon. La recommandation de cette servante, qui n'est désignée que sous le nom de Jeanne, jette un jour trop curieux sur les mœurs de la cour à cette époque pour que nous hésitions à en reproduire le texte intégralement :

« Monseigneur,

« Jeanne de chez madame de Maintenon remontre très humblement à Votre Grandeur qu'elle a pris la liberté de présenter un placet à Sa Majesté en faveur de Gaspard Rémuzat, ci-devant notaire de la ville de Marseille, par lequel il paraît qu'il est nécessaire de rendre héréditaire la charge de greffier secrétaire de la communauté de la dite ville de Marseille, pour les causes expliquées audit placet qui a été renvoyé à Votre Grandeur pour en ordonner. La suppliante, qui prend beaucoup de part audit Rémuzat pour les obligations qu'elle lui a, supplie très humblement Votre Grandeur d'avoir égard audit placet, et elle sera obligée de redoubler ses vœux pour la santé et prospérité de Votre Grandeur[1]. »

1. Arch. nat., G⁷ 479. — Les servantes de Mme de Maintenon étaient

L'édit de 1714 qui supprima la vénalité des charges muncipales rendit sans doute vaines les sollicitations de la servante de Mme de Maintenon. En 1717, les échevins de Marseille présentaient au roi trois sujets parmi lesquels il devait choisir le secrétaire archivaire de la ville. Villars aurait désiré que l'intendant lui fit connaître son appréciation sur chacun des trois candidats : « Mais je vois bien, lui dit-il, que vous croyez le premier, qui est le sieur Capus, le plus digne. » Aussi le présentera-t-il au Régent. Il a reçu pour cette place une infinité de recommandations ; « mais vous savez, ajoute-t-il, qu'elles ne me font pas une grande impression et, quand toute la cour m'aurait parlé, je me ferai toujours une règle de vous consulter[1]. » Le sieur Capus fut nommé au mois d'août, et installé le mois suivant. « Je crois, écrit Villars, que la ville de Marseille a fait en lui l'acquisition d'un bon sujet et qu'il s'acquittera bien de son emploi ».

Le maréchal protégea toujours Capus, « au travail et au bon esprit duquel on dut le rétablissement des affaires de la ville ; » malgré l'opposition de l'échevinage, il fit obtenir en 1726 la survivance de sa charge à son fils, qui était avocat et paraissait sage

---

des autorités. Saint-Simon parle surtout de sa servante Manon, et d'une vieille grosse villageoise avec laquelle la duchesse de Bourgogne causait volontiers.

1. Lettre, datée de Villars, 22 juillet 1717.

et entendu. Les échevins se formalisèrent de cette décision, et prirent une délibération pour adresser des remontrances au roi à ce sujet. Le roi, « très mécontent d'une démarche aussi hasardée, » fit biffer la délibération, et les échevins, qui étaient d'ailleurs en querelle avec le marquis de Pilles et l'évêque, furent menacés de destitution [1].

La place d'orateur de la ville était non moins briguée que celle d'archivaire. « On m'écrit toujours très vivement, dit Villars le 30 juin 1730, et de plusieurs endroits au sujet d'un orateur pour Marseille. On me dit que le sieur David est l'homme de M. des Pennes ; comme je connais le mauvais goût de celui-ci, j'avoue que je ne croirais pas propre à remplir cette place tout homme sur lequel il aurait pouvoir. » Les avocats avaient concouru en 1717 à faire remplacer la charge d'assesseur par celle d'orateur ; ils avaient alors fait valoir qu'un homme comme l'assesseur, « qui n'était qu'un an en exercice, était moins propre à faire les affaires de la ville que celui qui en serait toujours chargé. » En attendant des nouvelles du gouverneur, les échevins prirent le sieur Pichaty pour orateur. Villars ne parut pas y faire d'objection, et renouvela ses déclarations d'impartialité. « Pour moi, dit-il à Le Bret, vous savez que je n'ai voulu entrer en rien dans toutes les

———

1. Mémoire de juillet 1726. Arch. nat., G⁷ 484. — Marc Capus mourut en 1731. (O. Teissier et Laugier, *Armorial des échevins*, p. 46.)

élections que pour empêcher le mal si on pouvait le craindre[1]. »

Le règlement municipal édictait une amende de 10 livres contre les conseillers de ville qui, en n'assistant pas aux assemblées, empêchaient qu'elles ne réunissent le nombre de membres suffisant pour être valablement tenues[1]. Les échevins réclamèrent contre cette mesure, dont l'application souleva des plaintes. Villars fut d'avis de ne pas leur donner satisfaction. « Pour moi, qui suis élevé militairement, écrivait-il à la municipalité, j'ai toujours cru qu'il ne fallait pas faire de lois ou les suivre... Si j'étais à Marseille, j'aimerais mieux payer l'amende moi-même pour ceux qui sont condamnés, si cela leur fait tant de peine, que de ne pas faire exécuter ce qui a été ordonné. » Il tenait au règlement à la rédaction duquel il avait présidé, et il répondit peu de temps après, aux réclamations du syndic des avocats, qu'il était d'avis de « n'y rien innover[2]. »

Le règlement de 1717 n'avait pas seulement déterminé la nomination et les attributions des échevins, des conseillers et des agents de la ville; il s'était aussi préoccupé de la ferme de la boucherie et des octrois. L'entrée des vins était une grosse question; elle soulevait de nombreuses difficultés, d'autant

---

1. Lettres des 30 juin, 17 et 28 juillet 1720.
2. Lettres des 23 octobre et 14 décembre 1717.

plus que certains personnages, notamment les officiers de l'armée de terre et de la marine [1], jouissaient à cet égard de franchises déterminées par l'usage ou le règlement. Mais celui-ci n'avait pas parlé de l'évêque, et Belzunce se plaignit à Villars « de ce que les intendants pour l'entrée du vin lui refusaient l'entrée du sien. » — « Je n'ai pas approuvé leur conduite, écrit le gouverneur à Le Bret, et j'aurai toujours pour lui toutes les attentions qu'il mérite. Je vous supplie, Monsieur, de faire en sorte qu'il s'en aperçoive et de donner sur cela les ordres que vous croirez nécessaires [2]. » D'autres difficultés étaient soulevées par l'autorité militaire pour la fermeture des portes de secours des forts Saint-Nicolas et Saint-Jean, que le règlement avait prescrite pour remédier à la contrebande. Les commandants s'opposaient à cette fermeture, en invoquant l'intérêt de la sécurité de la ville. « Messieurs de Marseille, écrit à ce sujet le gouverneur, sont toujours dans les vexations de contrebande; Son Altesse royale a fait murer les portes de secours, mais de manière qu'on

1. « M. de Maurepas doit parler au conseil des dépêches, écrit Villars le 12 juillet 1724, des prétentions de Messieurs de la Marine sur les entrées du vin. Je crois que l'on peut les modérer et les restreindre à quelques principaux officiers, hors dans les temps des embarquements. »

2. Lettre du 28 juillet 1717. L'évêque était aussi exempt des droits sur la viande à raison d'une livre par jour gras. M. de Grignan avait droit à 6 livres par jour, plus à la dispense de droit sur les farines. (Bib. nat., fr., 8899.)

pût abattre le mur d'un coup de pied si l'ennemi paraissait... J'enverrai les grilles, portes et fenêtres et la contrebande à tous les diables, tant je suis las d'en entendre parler[1] ! »

Plus tard, il eut encore à s'occuper d'un différend de l'échevinage, non pas avec les commandants, mais avec les intendants du bureau du vin. Il en confère avec La Vrillière; il demande l'avis de Le Bret. « L'usage, lui demande-t-il, est-il que les échevins nomment tous les ans les capitaines, contrôleurs, gardes des brigades ou autres employés, ou si, une fois nommés, on ne doit les ôter que pour raison de malversation ou incapacité? » Il voudrait que Le Bret terminât l'affaire. « Si vous avez trouvé moyen, lui dit-il, d'arranger le différend des échevins et du bureau de vin, Dieu soit loué! car pour moi, j'aime fort en pareille matière besogne faite[2]. »

Le Bret émit l'avis de faire intervenir la justice. Villars ne pensa pas de même et lui répondit dans un un style qu'il qualifie lui-même de gaillard : « Vous estimez que vu la vivacité provençale et les apparences qu'elle produira toujours quelque tracasserie, il vaudrait autant que les échevins de Marseille et le bureau de vin s'amusassent par quelques petits procès. Vous voulez bien que je vous dise, avec le sérieux et le sang froid que je vous connais, que jamais pre-

1. Lettres des 23 et 26 octobre 1719.
2. Lettres des 26 mars, 17 avril et 30 juin 1722.

mier président de Parlement n'a parlé si bien Palais, et les procureurs et avocats de la cour ne vous en dédiront pas. Avez-vous des épices ? Au moins, appointez tout[1], et que ce soit chez vous de petits commissaires. Je vous prie de dire à M. l'archevêque votre sentiment et ma réponse[2]. »

Villars intervint aussi dans d'autres différends, notamment entre la ville et l'évêque de Marseille, qui se plaignait d'une ordonnance des échevins au sujet des écoles, entre l'échevinage et le viguier sur une question de préséance et de cérémonial. Pour cette dernière affaire, le gouverneur prit parti pour le marquis de Pilles. « La conduite des échevins m'a également surpris et déplu... Messieurs du conseil du roi, qui depuis longtemps sont témoins de ma vivacité pour leurs intérêts et de tous les biens que je procure à la ville de Marseille, sont plus surpris de la sottise d'attaquer l'autorité du roi, la mienne et la vôtre que de leur ingratitude pour moi. » Il jugeait d'ailleurs « qu'il n'y avait qu'à lire les règlements et à en suivre les articles[3] ».

1. L'appointement était un jugement rendu sur une discussion faite par écrit. L'arrêt d'appointé se passait entre les parties, de leur consentement, par l'avis de leurs avocats ou de leurs procureurs. Les commissaires étaient des magistrats commis pour l'instruction d'une affaire.
2. Lettre du 10 mai 1725. « Votre dernière lettre, ajoute-t-il, me fait quitter le style gaillard, puisqu'elle m'afflige par la mort de M. le marquis de Buous. »
3 Lettres des 8 mars et 21 juillet 1726.

Villars n'hésitait pas à se prononcer contre le viguier quand il avait tort. En 1732, le marquis de Pilles émit la prétention de commander la milice sous les armes, lors du passage de don Carlos. L'échevinage s'y opposa, fit mettre aux arrêts le tambour du marquis qui avait fait connaître ses intentions, et en référa à Villars, qui lui répondit : « Nous avons examiné, M. le comte de Saint-Florentin et moi, avec attention le règlement de 1717, et nous avons trouvé que M. votre viguier ne doit commander le militaire qu'en temps de guerre. Il est bien certain que si Marseille était attaqué, M. le marquis de Pilles, brave homme et homme de guerre, commanderait la milice et serait fort capable de s'en acquitter très dignement; je puis l'assurer que le véritable gouverneur irait promptement à son secours. Hors cette raison, comme il ne règle pas les dépenses que la ville fait pour le militaire, qui aurait à paraître dans une cérémonie comme aurait été l'entrée de don Carlos, s'il avait passé à Marseille, il ne doit donner aucun ordre. Enfin, M. de Saint-Florentin et moi, nous avons trouvé, après avoir bien étudié cette matière, que M. le viguier de Marseille est comme M. le Prevôt de Paris, très belle charge, dont le nom est à la tête de toutes les ordonnances du Châtelet, mais qui n'y ordonne pas. Voilà, Messieurs, tout ce que je puis vous dire sur votre dernière lettre. Lorsque vous aurez tort, je serai le premier à vous condamner, et le premier aussi à vous soutenir, lorsque vous aurez raison ¹. »

Villars l'avait prouvé dans d'autres circonstances, notamment pour des questions d'impôt. En 1715, il blâma les échevins sur leur résistance à payer les contributions du dixième. « Ils n'ont insisté que par imbécilité, dit-il, sur la difficulté ridicule qu'ils ont faite par rapport au dixième. Je ne les crois pas capables de mauvaises intentions pour le service du roi ; mais ce sont des gens opiniâtres qui ont cru que le dixième devait finir avec la guerre ² ». Plus tard, au contraire, il appuie la demande de remise des arrérages de la capitation, qui n'a été d'aucun produit pendant la peste ; il n'espère pas cependant obtenir cette remise. « Vous savez, dit-il, que l'on a compté de nous faire de très grandes grâces, ainsi qu'elles le sont, ce qui pourra rendre difficiles celles que nous aurons à demander par la suite. » En 1726, il intervint également pour soutenir une autre demande. « J'ai reçu, dit-il à l'intendant, divers mémoires et placets de tous les différents corps de métiers de la ville de Marseille, au sujet des impositions faites à l'occasion du joyeux avènement. Je mande à messieurs les échevins de leur assurer tous que je leur ferai tous les plaisirs qui seront en mon pouvoir, de m'informer de ce qu'ils

1. O. Teissier et J. Laugier, *Armorial des échevins de Marseille de* 1660 à 1790 (1732), p. 46, 47.
2. Lettres des 26 mars, 3 et 6 avril 1715.

croient que l'on puisse faire pour eux et de me citer des exemples qui pourraient donner quelque autorité au traitement favorable qu'ils demandent [1]. »

1. Lettres des 29 février 1724 et 14 août 1726.

CHAPITRE XIV

Questions municipales et religieuses.

Villars comprend bien les hautes fonctions d'un gouverneur, lorsqu'il intervient surtout pour faire exécuter et respecter les règlements. Jugeant souvent dans un sens large et libéral, il se laisse rarement guider par des considérations personnelles pour assurer le succès des personnes qui lui sont recommandées. Cependant, en 1715, M. de Cholier lui avait écrit plusieurs fois en faveur de M. de Cabassol, qui désirait être un des consuls d'Aix. « L'on m'en dit du bien, disait Villars à ce sujet à Le Bret, et s'il n'est pas préjudiciable à la province de le nommer, je serais bien aise de lui faire ce plaisir. Après cela, Monsieur, vous savez ce qui est le plus convenable de faire. » Le secrétaire Gally ajoutait en son nom personnel : « Vous ne trouverez pas mauvais que je prenne la liberté de vous dire un mot dudit sieur de Cabassol auquel je prends beaucoup de part... On m'assure qu'il en est digne, surtout par son âge avancé, qui mérite quelque préférence sur les autres [1]. » Le Bret répondit de la manière la plus sage et la plus nette : « Je n'entre en aucune manière dans ce qui peut avoir rapport aux élections consulaires, parce que je ne pourrais le faire que par la voie de l'autorité, que je ne dois pas l'employer sans ordre exprès, ou par la voie du ménagement qui ressemblerait trop aux cabales dont on n'use que trop souvent pour ces sortes de choses... Il m'a semblé que vous approuviez ma conduite à cet égard et que vous l'approuverez, quand vous aurez vu par vous-même ce que c'est que ce pays-ci. Vous en serez peut-être étonné. »

Villars écouta ces conseils, et se rendit compte par lui-même de leur sagesse. Les places de consuls et de conseillers d'Arles étaient plus recherchées que celles d'échevins de Marseille [1]. En 1720, d'Arlatan de Beaumont, désirant se retirer du conseil de ville, pria Villars d'y faire entrer son fils, d'autorité. Le gouverneur s'empressa de s'informer auprès de l'intendant de l'usage que l'on suivait en pareil cas. Grignan donnait des lettres « de son autorité [2] »; Villars ne voulait rien faire sans en avoir conféré avec La Vrillière, et ils furent d'avis que la prière serait plus convenable que l'arbitraire... « n'aimant

1. Lettre du 18 novembre 1715.
2. En 1720, Villars reçut une demande du sieur de Rousset d'Oppède, qui voulait être dispensé d'être consul de Tarascon.

pas, écrivit-il à Le Bret, me servir de commandement décisif à moins qu'il ne soit indispensable et nécessaire, et vous croyez bien que je ne voudrais jamais faire une brèche aux usages et règlements d'une ville, surtout à ceux d'Arles. » Et il ajoutait quinze jours après : « On voulait absolument une lettre d'autorité, et comme ce style ne me plaît pas, j'ai usé de celui de prier, et j'ai mandé aux consuls que j'étais fort content de leur conduite, puisque, sans changer leur usage, ils avaient promis à M. d'Arlatan que son fils serait conseiller. M. d'Arlatan a voulu que ce fût sans ballotage, et les autres s'y sont opposés et ont bien fait. J'ai appris depuis, que MM. de la Goa et du Viguier, qui sont beaux-frères, étaient ennemis ; que M. d'Estoublon et M. de la Goa étaient mal ensemble ; enfin, j'ai été informé de toutes leurs petites discussions, et sur cela, je dis : La paix, et Dieu vous garde ! Je ne veux pas entrer dans ces divers partis, et le meilleur est toujours de soutenir la règle et les usages [1]. »

Le roi désignait de droit le premier consul d'Arles, parmi les quatre candidats présentés par le conseil de ville [2]. L'élection des consuls d'Aix était soumise à l'approbation de l'intendant. A Toulon et ailleurs,

1. Lettres des 16 avril, 5 et 17 mai 1720.
2. Le 22 novembre 1729, Villars écrit que le roi a choisi le sieur Maurice de Monfort Faramans, qui avait eu 19 voix parmi les quatre candidats.

un ordre du roi pouvait casser un consul ou prolonger ses pouvoirs. En 1730, le commandant Dupont reçut un ordre de ce genre pour nommer consul de Toulon Portalis, ancien capitaine réformé d'infanterie. Villars en fut très mécontent, peut-être autant pour des raisons personnelles que pour l'atteinte qui était portée aux privilèges de la ville.

« N'ayant rien su de ce qui s'était passé à ce sujet, disait-il à Le Bret, j'en ai écrit à M. de Saint-Florentin, qui m'a mandé que cela s'était fait pendant sa maladie et que le sieur Portalis avait apporté des lettres de l'évêque de Toulon, qui marquait à M. le cardinal de Fleury qu'il y avait de si grandes cabales à Toulon et si dangereuses qu'il fallait nommer le sieur Portalis premier consul. M. de Saint-Florentin, qui est fort de mes amis et qui n'a jamais rien fait sur la Provence sans auparavant me le communiquer, est indigné de ce procédé, d'autant plus que le sieur Portalis m'est venu voir plusieurs fois et a même mangé chez moi et ne m'a pas dit un mot de ce dessein. Je vous prie de m'écrire ce que vous croyez sur tout cela, trouvant la conduite de cet homme fort indigne, auquel j'ai toujours rendu tous les services qui dépendaient de moi [1]. »

Villars pardonnait difficilement un manque d'égards et de confiance envers lui, et lorsqu'en 1732, il

---

1. Lettre du 16 décembre 1730.

fut question de continuer les pouvoirs de Portalis, il s'efforça d'y mettre obstacle. « J'ai eu hier, écrit-il le 24 novembre 1732, une longue conférence avec M. le cardinal de Fleury, au sujet de toutes les brigues qui se font à Toulon pour procurer une troisième nomination de par le roi de premier consul au sieur Portalis. Je lui en ai fait voir tous les inconvénients et que M. l'évêque de Toulon[1] ne remuait tout ce qu'il pouvait imaginer que pour faire détruire le collège des Pères de l'Oratoire. J'ai demandé à M. le cardinal s'il croyait que ce collège, qui est établi depuis plus de cent quarante ans, fût nuisible à la religion ou au service du roi, il m'a dit qu'en façon du monde (*sic*). Je ne sais par qui M. de Maurepas est informé de la personne du sieur Portalis; mais il en rend de pernicieux témoignages. M. le cardinal m'a dit qu'il vous demanderait votre avis sur cela, ce qui le déciderait; pour moi, je vous dirai naturellement qu'il ne convient pas du tout que cet homme-là soit nommé continuellement par le roi, comme le seul homme de Toulon qui puisse être nommé premier consul. »

Il y a souvent dans les villes des scandales municipaux, des querelles, des conflits, dont l'écho parvient jusqu'au gouverneur, qui s'informe, cherche à réprimer ou à apaiser, selon les circonstances. Des plaintes sont formulées en 1717 contre le maire, qui

1. Louis de la Tour du Pin Montauban, évêque de Toulon, de 1712 à 1737.

est, en même temps, premier consul de Grasse. « Cette ville, dit Villars à l'intendant, a bien besoin que vous et moi, apportions notre attention à la contenir[1]. » En 1720, le premier consul de Saint-Tropez meurt. Ses collègues prétendent que c'est d'un coup de coude sous la mamelle qui lui aurait été porté par le sieur de Préfontaine, à propos de la préséance dans l'église. « C'est un fait grave », observe Villars[2]. Les querelles de préséance sont nombreuses, mais se terminent d'ordinaire d'une manière moins tragique. Fréquents aussi sont les conflits entre les diverses autorités. En 1725, les principaux officiers de justice de Toulon troublent les consuls qui en sont lieutenants du roi par des chicanes sans nulle sorte de raison. « Il est bien nécessaire que votre autorité, dit Villars à Le Bret, arrête tous ces commencements de troubles qui ne vont qu'à la ruine des particuliers. » Vers la même époque, les mêmes consuls sont en difficultés avec messieurs de la marine pour l'exemption de droits d'entrée. « Ce sont eux-mêmes qui se sont fait tort par leurs politesses sur l'entrée du vin, puisque messieurs de la marine prétendent un droit de possession. Il est cependant raisonnable de soutenir *ceux de Toulon*[3] un peu en cela, car la ville de Toulon n'est pas trop en état de fournir à ses dépenses, si

---

1. Lettres des 20 avril et 17 juin 1717.
2. Lettre du 20 août 1720.
3. Ces mots sont de la main de Villars. Lettre du 8 juillet 1724.

elle est privée de ses petits revenus. » Les questions de cérémonial avaient aussi leur importance, jusque dans des petites villes, comme Antibes et Entrevaux. « Le cérémonial, dit à ce sujet Villars, d'accord avec Breteuil, est différent dans la plupart des villes du royaume; par conséquent, il n'y a de décision juste que de suivre les anciens usages [1]. » En cas de nouvelles difficultés, il s'en rapporte à l'intendant.

Il s'occupe aussi des affaires de consulat d'Arles, approuvant l'intendant d'avoir puni le sieur d'Antonelle qui s'était mis dans son tort en se querellant avec la municipalité [2]. Le sénéchal d'épée d'Hyères veut présider les assemblées de l'hôtel de ville; le gouverneur demande sur ce sujet l'avis de Le Bret qui est défavorable à la requête du sénéchal [3].

Le maréchal paraît être resté en dehors des querelles qui divisaient en Provence plus encore que dans d'autres parties de la France les molinistes et les jansénistes. S'il se prononce parfois en faveur des premiers, c'est surtout parce qu'ils sont bien en cour [4]. Il ne semble avoir eu aucune animosité contre les protestants, et sous ce rapport, il était d'accord avec Le Bret. M. Arnaud, dans son *Histoire des protestants en Provence*, ne cite aucun fait important qui les concerne

---

1. Lettres des 24 janvier et 12 mai 1724.
2. Lettre du 20 juillet.
3. Lettre du 27 novembre 1715.
4. Voir le chapitre XXII, sur l'Académie de Marseille.

de 1690 à 1735. L'intendant s'exprimait ainsi sur leur compte en 1724 : « Nous avons si peu de religionnaires ou de nouveaux convertis en Provence que l'on n'a jamais donné grande attention à ce qui les regarde [1]. C'est peut-être tant mieux, car j'ai vu conduire ailleurs ces sortes d'affaires avec tant de caprice, surtout de la part des ecclésiastiques, et si peu de charité, que ces nouveaux convertis ne pouvaient manquer d'en être rebutés [2]. »

Le gouverneur intervenait rarement dans les affaires ecclésiastiques. En 1728, cependant, il félicite Le Bret d'un arrêt du Parlement, où il a montré « son zèle pour la religion et la tranquillité publique, » sur un appel de l'évêque de Senez. Il s'occupe en 1725 de la question de sécularisation de l'abbaye de Saint-Victor de Marseille, destinée à trente chanoines [3]; la même année, il soutient les dames de l'abbaye d'Hyères [4] contre les décisions de leur abbé et de deux évêques commissaires qui leur étaient défavorables. Grâce à son intervention, « il est ordonné que les unes

---

1. Voir sur le nombre des nouveaux convertis en Provence mon étude sur l'*Intervention de l'État et l'instruction primaire en Provence sous la Régence*, publiée dans la *Revue historique*.

2. Lettre du 31 octobre 1724. Archives nationales, G⁷ 482.

3. Cette abbaye fut sécularisée par une bulle de 1739, conformément au mémoire des religieux et à l'avis du conseil du roi. (*Essai historique et archéologique sur l'abbaye de Saint-Victor*, par B..., 1850.)

4. Cette abbaye, sous la règle de Saint-Bernard, était un asile de filles nobles et elle était dirigée par des abbesses qui portaient les plus grands noms de Provence.

et les autres peuvent avoir mutuellement pour vivre ou dans la réforme ou en manière de chanoinesses, ainsi qu'il paraît qu'un long usage l'aurait établi parmi elles. Pour moi, dit Villars, j'avoue que je croirais du bien de l'État qu'il y eût un plus grand nombre de pareilles maisons dans le royaume, dans lesquelles des filles de condition, qui ont peu de biens, trouvassent des retraites moins rudes que celle des couvents[1]. »

1. Lettre du 27 janvier 1725.

CHAPITRE XV

La Peste de Provence.

La Provence se remettait à peine des désastres causés par la guerre et par le grand hiver de 1709, lorsqu'elle fut assaillie par un fléau pire que les précédents et d'une violence sans exemple. La peste éclata dans le cours de l'été de 1720 à Marseille. On voulut voir dans les premiers cas signalés des attaques de « fièvre maligne contagieuse[1] »; les rapports officiels demandés aux médecins « flottaient entre la crainte et l'espérance »; mais bientôt il fallut se rendre à la terrible réalité. En quarante-quatre jours, déclarait-on le 8 août, il était mort 510 personnes sur 90,000; ce même jour, 18 personnes expiraient sur 31 atteintes de la contagion. Ce n'était qu'un début, et pour montrer combien furent affreux les progrès et les ravages de l'épidémie, il suffit de citer les chiffres des

1. Un placard officiel, du commencement du mois d'août 1720, parle dans ce sens afin de rassurer la population.

pertes que la peste fit subir à la Provence dans les années 1720 et 1721. 89,720 habitants sur 250,506 périrent de la peste dans la province; 39,140 dans la seule ville de Marseille; plus du tiers de la population dans la région, près de moitié dans la cité[1].

Aussi quel effroi, quelle terreur, quel désarroi dans les villes et la campagne à mesure que le redoutable fléau frappe et s'étend! Tous ceux qui peuvent s'enfuir désertent les localités atteintes. « Il ne nous serait pas possible de vous expliquer l'état pitoyable où notre ville se trouve, écrit le subdélégué de Marseille à l'intendant. Il n'y a plus ni officier de ville, ni conseiller de ville, ni intendant de la santé; presque tous les principaux habitants ont aussi décampé; une petite incommodité détient M. de Pilles chez lui; la plupart de nos boulangers ont quitté; les boutiques des revendeurs sont presque toutes fermées, de sorte que Marseille n'est proprement habitée que par une populace insolente et mutinée. » En vain, des médecins et des chirurgiens sont envoyés de Montpellier et de Paris; en vain, l'évêque de Belzunce, le marquis de Pilles, le subdélégué Rigord, les premiers échevins Moustier[2] et Estelle, le chevalier Rose se dévouent avec un zèle infatigable, pour maintenir l'ordre et

---

1. Etat des morts en Provence depuis que la peste a commencé jusqu'au 17 décembre 1721. (Bibl. nat., fr., 8918.)
2. Villars annonçait, le 27 décembre 1719, que le régent avait approuvé l'élection de Moustier au lieu du sieur Magy.

soulager les maux d'une population affolée[1]; la situation ne cesse de s'aggraver, et l'on est obligé de recourir à la force armée, de donner aux chefs militaires des pouvoirs discrétionnaires pour faire exécuter les règlements sanitaires et prescrire, sinon des remèdes impuissants, du moins des précautions utiles. Le fléau franchissant les murs de Marseille, ne tardait pas à pénétrer dans toute la Provence, à Toulon, à Arles, comme à Aix.

Partout, la terreur est la même; partout, la plupart des autorités s'enfuient. Au mois d'octobre 1720, le parlement d'Aix quitte la ville, par crainte de la contagion. Il établit, selon l'usage, quelques avocats pour administrer la justice en son absence. Il remet la police aux consuls et la garde du palais au marquis de Vauvenargues, premier consul. Quelques conseillers courageux, tels que le président de Coriolis, s'avisent de vouloir rester et de continuer leurs fonctions. Ils sont vertement tancés par le chancelier pour avoir contrecarré Vauvenargues dans l'exercice de la police. Les procureurs du pays suivent le Parlement à Saint-Rémy. L'intendant lui-même s'en va à Barbentane. « Si je n'avais pas eu une si nombreuse famille, écrit-il à Villars, j'aurais peut-être été à Marseille, » et tandis qu'il donne ainsi l'exemple de la timidité et de l'égoïsme, il ose ajouter : « Ce qu'il y a de pis, c'est que personne ne s'aide; les malades ne le peu-

1. Boudin, *Hist. de Marseille*, 1835.

vent pas; les autres ne songent qu'à se garantir et à profiter des malheurs de leurs frères[1]. »

Quant à Villars, il gémit des maux qui lui sont signalés, il les « voit avec une sensible douleur »; il en est « accablé »; il affirme qu'il voudrait partir, mais sa grandeur l'attache au rivage. M. de Pilles lui a confirmé que la maladie contagieuse augmentait à Marseille. « Aussi, écrit-il, j'ai supplié S. A. R. de me permettre d'aller vous aider à secourir notre pauvre ville de Marseille. » Le Régent n'a pas répondu. Cinq jours après, Villars dit : « Je ne sais point encore si S. A. R. me permettra d'aller partager vos périls et vos peines; peut-être que sa bonté pour moi l'empêchera d'y consentir[2] ». Il ajoute, le 8 septembre : « Je désire fort de pouvoir aller rendre (à Marseille) des services que j'ose me flatter être certains par la décision avec laquelle je ferai exécuter ce que

[1]. Lettre du 24 mai 1721. — Villars l'excuse du reste, en lui répondant le 6 Juin : « Je ne suis pas surpris que vous ne songiez pas à aller à Marseille; il convient mieux que vous vous teniez à portée des secours qui arriveront pour les distribuer suivant la justice et les besoins de chacun. »

[2]. Lettres des 27 août et 1er septembre 1720. Ce que dit Villars dans ses lettres n'est pas tout à fait conforme à ce qu'il raconte dans ses *Mémoires*. « Dans les premières nouvelles de ce malheur, peut-on y lire, je pressai instamment le Régent de me permettre de me rendre dans mon gouvernement. La première réponse du prince fut qu'il n'aurait osé me le proposer; mais puisque je voulais bien, dans une conjoncture si importante, y aller donner des ordres, rien n'était plus propre à sauver la province. Comme je me préparais à partir, les défiances naturelles du Régent ne lui permirent pas de me laisser éloigner. »

je croirais utile et nécessaire. » Le gouverneur a-t-il insisté auprès du régent? Celui-ci a-t-il définitivement refusé? Toujours est-il que Villars a manifesté l'intention d'aller en Provence et que bientôt il y renonce. D'ailleurs, il manque d'argent, même pour aller en Bourgogne. « Je vous ai mandé, écrit-il, que je comptais d'aller faire un tour dans mes nouvelles acquisitions de Bourgogne, à la Noël; mais le manque d'espèces, à moins de les acheter trente fois plus qu'elles ne valent, m'a fait rompre mon voyage jusqu'à l'année prochaine [1] ».

L'argent est rare, surtout en Provence, où la peste a suspendu le travail, le commerce, les transactions. L'intendant est aux expédients; il demande des fonds au contrôleur général; il prie le gouverneur de lui en faire obtenir. « M. des Forts, lui répond Villars, m'a assuré que vous aviez près de trois millions en espèces dans votre monnaie d'Arles... je vois par votre lettre que vous avez eu bien de la peine à ramasser 20,000 l. d'un marchand d'Aix qu'il a rassemblées chez tous ses confrères. Cette diversité me surprend. Je ne vous commettrai point; car les ministres veulent toujours avoir raison. » Comme Le Bret insiste, Villars lui répond : « M. de Cholier me mande que vous le priez de faire prêter de l'argent. Si nous en croyons M. des Forts, il doit être assez commun en

1. « Il m'en aurait coûté, dit-il aussi, plus de 10,000 écus pour 250 fr. d'espèces. » — Lettres du 17 et 28 octobre 1720.

Provence. Je crois que le lieu du monde où il est le plus rare et le plus cher, c'est Paris ».

On est au moment des spéculations provoquées par les opérations financières de Law. Villars en reçoit le contrecoup. Il est gêné. « Je ne sais comment vous faites pour vivre où vous êtes; mais pour moi, je vis d'emprunts depuis trois mois, non d'argent emprunté; car on ne trouve point du tout à emprunter à Paris; mais le boucher, le boulanger et le marchand de vins me font crédit[1]. » Et voici que plusieurs de ses revenus de Provence sont compromis. « Voilà mes terres attaquées d'un côté, écrit-il le 28 septembre, et bien avoisinées de l'autre. C'est un fléau bien cruel. » Il craint pour le produit qu'il tire des domaines d'Arles. « J'espère que la peste ne gagnant pas cette ville, le commerce continuera. Ce serait un grand malheur pour la Provence si les bestiaux ne se débitaient pas. » Martigues bientôt est atteint; le gouverneur recommande à l'intendant de donner « à ces pauvres gens » tous les secours qui dépendent de lui. Il y a bientôt 600 victimes sur 15,000 habitants. « Cela augmente peut-être, dit Villars; si je pouvais, je leur enverrai de l'argent, mais je n'en ai pas trouvé pour vivre[2] ».

Le pauvre homme! il continue à gémir sur les

---

1. Lettres du 22 août, 23 octobre et 23 novembre 1720.
2. Lettre du 5 janvier 1721. Le 21 janvier, il écrit même : « Si je ne puis trouver à emprunter, il faut vendre mes meubles pour vivre. » Il est question de Martigues dans un assez grand nombre de lettres de Villars.

malheurs de la Provence et sur ses propres ennuis.
Il juge la situation de loin, sans toujours s'en rendre
un compte exact. C'est ainsi qu'il lui semble qu'on
a pris trop de précautions pour isoler la ville de
Marseille. « La défense de commerce », met cette ville
dans un cruel état. Il lui semble qu'on y craint même
plus la famine que la peste. La Chambre de commerce réclame de prompts secours. « Le royaume
est dénué d'or et d'argent, lui répond-il. Dans d'autres temps, on aurait cru 7 ou 8 millions bien employés pour sauver une des principales provinces du
royaume; mais actuellement l'impossibilité est entière
de les trouver[1]. » — « Le fléau de la peste, dit-il aussi,
est tombé sur la Provence dans le temps qu'un autre
fléau est tombé sur tout le royaume. C'est une misère horrible[2]. » Villars s'efforcera du moins de procurer un emprunt à la Provence. Celle-ci donne près
de 660,000 fr. pour secourir les localités atteintes;
mais les maux sont si grands que cette somme ne
saurait suffire. Le pouvoir central n'a pas de fonds
disponibles; mais il suscitera un emprunt et lèvera
un impôt spécial pour subvenir aux besoins les plus
urgents. Villars contribue largement à faire prendre ces décisions.

---

1. Lettre du 8 février 1721. Le marquis de Brancas et le secrétaire
d'État Le Blanc écrivent dans le même sens. (O. Teissier, *Archives
de la Chambre de commerce de Marseille*, p. 26.)
2. Lettre du 27 janvier 1721.

« Les sieurs Paris sortent de chez moi, écrit-il le 27 février 1721. Ils offrent un million sans prendre de billets de banque, à 6%. Voilà un secours considérable. L'on comprend l'extrême conséquence de soutenir la Provence, et M. le Régent et M. le contrôleur général sont également bien disposés. Vous verrez à faire aider les lieux dont la conservation est la plus importante. Je reçois des lettres de Toulon qui me font trembler. Il importe fort aussi que Martigues ne périsse pas. Je dis par rapport au bien de l'État, vu l'importance de secourir une ville qui fournit les meilleurs matelots. M. de la Vrillière écrit sur l'émotion d'Aix. Il est surprenant que la peste ne concilie pas les esprits. Il est certain aussi que les dépenses sont excessives, et je n'ai jamais pu comprendre qu'on les fît monter à 10.000 l. par jour. »

Le prêt d'un million fut conclu. Le 4 mai, Villars donnait rendez-vous aux frères Paris et à Beaumont pour terminer l'affaire. Mais le mal augmentait toujours; il arrive au gouverneur de « très horribles nouvelles de Toulon ». « J'ai proposé une imposition sur tout le royaume, écrit-il le 17 mai, pour secourir notre malheureuse province; peut-être le fera-t-on? mais ce sera bien tard. » Il saisit le conseil de cette proposition. « Tout le conseil, dit-il le 20, opina à des secours d'argent, et l'on imposera trois sols par livre sur toute la capitation du royaume, dont on enverra incessamment des sommes pour tirer Toulon de l'état affreux où il est. Vous verrez avec M. de Caylus et les procureurs du pays la répartition que vous trouverez la plus juste et la plus nécessaire. Son Altesse royale ordonne aussi à MM. les agents du clergé qui sont déjà ici d'écrire à tous les archevêques et évêques du royaume, pour les engager à faire dans leurs diocèses une levée de deniers pour le secours de notre malheureuse Provence. J'ai exposé la cruelle misère où elle se trouvait pour ne pouvoir vendre une barrique d'huile, qui était un commerce de plus de six millions, et pour ne pouvoir envoyer les bestiaux hors de la Provence pendant les chaleurs, ce qui est mal sur mal et misère sur misère et mettra tout le peuple à la mendicité. »

Les frères Paris se chargèrent de la levée de 3 millions et de faire les avances à raison de 100,000 écus par mois. Villars s'empresse d'annoncer « une aussi bonne affaire, » et jugeant que sa tâche est remplie pour le moment, il annonce son départ pour son château de Vaux et la Bourgogne[1].

La peste continua son œuvre jusqu'à ce qu'elle fut pour ainsi dire lassée de frapper. Tout ce que l'on put faire, ce fut d'en circonscrire les ravages. Les commandants militaires exerçaient la plus rigoureuse autorité[2]. Villars disait, en parlant du marquis de

1. Lettre du 26 mai 1721.
2. Les habitants et même Villars s'en plaignaient parfois, comme

Monti, auquel le pape ne voulait pas laisser exercer un pouvoir absolu à Avignon : « J'ai eu l'honneur de dire à S. A. R. qu'en pareil cas l'autorité ne devait pas être partagée et que comme on ne pouvait arrêter le mal que par des punitions très sévères, il fallait laisser au commandant la liberté d'agir despotiquement. » Cependant l'épidémie s'affaiblit dans l'hiver de 1721-1722, mais sans disparaître entièrement. « Quand donc verrai-je dans vos lettres, écrit Villars à Le Bret le 14 février 1722, qu'il n'y a plus du tout de peste en Provence et quand m'autoriseront-elles à demander le rétablissement de tout commerce? » Il y eut une recrudescence encore au mois de juin. Le bailli de Langeron annonçait dans les derniers jours de ce mois que Marseille serait l'objet d'une désinfection générale. « Je compte, écrit Villars, que la ville en fera la dépense, et cela serait fort juste. » Au mois d'août, nouvelle recrudescence ; Villars en est désespéré. « Il n'y a, dit-il, qu'à se recommander à Dieu et à prendre patience, car je ne sais plus que faire [1]. » Ce ne fut qu'en février 1723 que l'on put annoncer officiellement la fin de l'épidémie. Une lettre du roi ordonna qu'un *Te Deum* serait chanté à cette occasion dans toutes les églises du royaume. » Le mal contagieux, disait-elle, qui en

on l'a vu plus haut. « M. d'Arcussia, écrit-il le 15 mai 1721, soulage ses vassaux en surchargeant les miens. »

1. Lettres des 3, 26, 30 juin et 31 août 1722.

désolant une province, répandait le terreur dans le reste du royaume, est entièrement cessé. »

La lettre royale attribuait ce résultat aux « ordres donnés par le régent avec toute la vigilance et la sagesse nécessaires, » ainsi qu'au « zèle héroïque des évêques et de tous les ordres du clergé. » Le dévouement du clergé avait été digne des plus grands éloges; mais ce n'était pas le seul. Partout il s'était trouvé des citoyens courageux dont la conduite avait contrasté avec la lâcheté de certains fonctionnaires et la pusillanimité d'un trop grand nombre de citoyens, Villars, à qui les actes d'un dévouement porté parfois jusqu'à l'héroïsme avaient été signalés, en reconnaissait tout le mérite. « J'ai proposé, écrivait-il dès le 20 octobre 1720, des récompenses pour le sieur Moustier et ses confrères, pour le marquis de Pilles et l'archivaire. Son Altesse Royale veut bien les accorder; mais elle désire que l'on attende pour déclarer ses grâces, que la maladie soit absolument éteinte à Marseille ». Sans doute, le régent espérait qu'elle s'éteindrait plus tôt. Il n'attendit pas sa disparition totale pour octroyer une pension de 1,000 f. au vertueux subdélégué Rigord, « afin de lui marquer la satisfaction que le roi avait de ses services[1], » pour accorder des grâces considérables au marquis

1. Lettre du 29 octobre 1721. Plus tard, Rigord reçut des lettres d'anoblissement. (*Inv. des archives des Bouches-du-Rhône.*) Voir aussi C. 904 à 945.

de Pilles et à M. de Vauvenargues. « Il est bien juste, disait Villars, que le premier fût dédommagé du commandement de Marseille qui lui avait été ôté, ayant été donné à M. le bailli de Langeron. Pour toutes les autres grâces, Son Altesse Royale attend encore des connaissances plus exactes et elle m'a fait l'honneur de me dire qu'elle en délibérerait avec moi. Je vous serais très obligé de me mander ceux que vous en croirez les plus dignes, les noms seulement et leurs familles[1]. »

Au commencement de l'année 1722, Villars put présenter au Régent un état des récompenses à accorder. Il devait examiner avec lui quelle en serait la nature, si elles consisteraient en lettres de noblesse ou en grâces pécuniaires. Elles n'étaient pas encore décidées au mois d'avril; Villars attendait encore un mémoire et des propositions de l'intendant « pour faire répandre les grâces si justement attendues[2]. »

En même temps, il pressait la convocation de l'assemblée générale des communautés, que la peste avait suspendue et retardée. Au mois de novembre 1721, Le Bret se décidait à rentrer à Aix. « J'avais grande impatience, lui écrit Villars, qui trouve sans doute qu'il a beaucoup tardé, de vous savoir de retour, par la nécessité de voir tout reprendre son ancienne forme dans la province, ce qui ne pou-

1. Lettre du 8 novembre 1721.
2. Lettres des 21 janvier et 27 avril 1722.

vait être sans qu'un premier président et intendant comme vous fut dans la capitale[1]. » Dès le 30 septembre, il lui avait écrit : « Nous avons raisonné hier, M. de la Vrillière et moi, sur la nécessité indispensable de tenir l'assemblée. J'attends votre réponse avec impatience. » Et le 28 octobre, il lui mandait : « Je n'ai pu vous dire plus tôt ce que S. A. R. m'avait témoigné vouloir laisser secret, qui était la résolution qu'elle avait prise d'envoyer M. le marquis de Brancas, lieutenant général de la province, pour y tenir l'assemblée et y rétablir l'ordre naturel. Comme il faut changer une foule d'établissements faits par M. le marquis de Médavy, ce ne pourrait être que par un homme qui n'est point à ses ordres... Il est bien temps que notre pauvre Provence reprenne son état naturel, ce qui ne se peut que par la tenue des États et par un rétablissement du commerce. »

Villars poursuit activement ce double but. Ayant apprit que Brancas était allé à Marseille, il écrit le 23 janvier 1722 : « Je souhaite avec impatience que vous soyez tous déterminés de concert à tenir l'assemblée des communautés. » Il y revient le 10 mars : « Vous pensez que c'est aux maîtres à décider sur les partis qu'on peut prendre après la contagion; mais ils ne se feront que sur les avis qu'on leur donne. C'est pourquoi, j'attends avec impatience d'appren-

1. Lettre du 15 novembre 1721.

dre l'assemblée des communautés dont M. le marquis de Brancas a le pouvoir. Je parlais hier à M. Amelot de cette matière ; il voulut me donner pour un grand commencement de liberté la permission que l'on donne de commercer avec les villes d'Italie, et je lui dis que si ces villes n'avaient pas peur, ce n'était pas à nous de faire les difficiles. Nous étions en conversation chez le maréchal de Villeroy, lequel ne va plus à aucun conseil et se place à celui de régence derrière le roi sans opiner. » Villars s'en rapporte du reste, pour les mesures à prendre par l'assemblée, à Brancas, à l'archevêque d'Aix et à Le Bret. « Ce sont assurément trois bonnes têtes ; je ne doute pas qu'elles soient dans un chaperon, ce qui est indispensable pour l'autorité de la Provence. De ce côté-ci, je suis toujours très attentif et très vif pour la liberté du commerce, sans laquelle vos bonnes intentions recevraient de grandes difficultés[1]. »

Avant la tenue des états, il s'éleva quelque différend entre les marquis de Brancas et de Pilles. « M. de Pilles, dit Villars, m'a écrit pour recevoir mes ordres et je ne doute pas qu'il ne soit à ceux de M. de Brancas ; cependant les lettres de MM. les secrétaires d'état laissent un doute fort pénible à un homme comme M. de Brancas aux intérêts duquel je prendrai toujours beaucoup de part[2] ». Il semble que M. de Pilles mé-

1. Lettres des 10 et 14 mars 1722.
2. Lettre du 26 juin 1722.

ritait plus de considération encore par son dévouement constant, par son zèle, par sa noble conduite pendant la peste; lorsque le fléau avait paru reprendre en 1722, il n'avait pas hésité à donner sa vaisselle d'argent pour concourir à un emprunt levé dans la ville. M. de Brancas n'avait été à Marseille que dans les derniers moments, comme un général qui se rend sur un champ de bataille après le combat. Quant à Le Bret, qui avait suivi de sa résidence de Barbentane les progrès de la contagion, qui recevait maculées par des désinfectants toutes les dépêches de Marseille et des lieux où la peste sévissait, il demandait un congé et priait Villars de l'appuyer. Celui-ci s'empressa de lui répondre : « J'ai dit à M. le garde des sceaux qu'il serait bien juste que vous et M. l'archevêque d'Aix, après des années aussi tristes que celles que vous avez, passées en Provence, vinssiez faire un tour à la cour, et à la manière dont il m'a parlé, je vois bien que cela dépendra de vous autres[1] ». La permission qu'ils sollicitaient fut subordonnée à la cessation des quarantaines et au rétablissement du commerce, qui ne devaient plus tarder à être décrétés.

1. Lettre du 30 septembre 1722.

CHAPITRE XVI

Villars à la cour et dans ses terres.

Pendant que la peste éclatait à Marseille, Villars assistait à l'émotion et à la perturbation que le système de Law jetait dans les fortunes et dans les familles. Comme on l'a vu plus haut, il criait misère, lorsque l'agiotage remuait des millions. « Je vous assure, écrivait-il le 20 janvier 1720, que le nécessaire manque dans les meilleures maisons... Il ne doit pas manquer à M. Law; car l'envoyé de l'Empereur et deux nonces du pape qui dînaient avant-hier chez moi, dirent qu'il s'était vanté à Bruxelles d'avoir 150 millions en or. Cela s'appelle avoir de quoi voyager. » Villars disait aussi à Le Bret : « Tous nos Provençaux sont aussi dans une grande vivacité sur les actions, et comme elles haussent et baissent tous les jours, plusieurs passent de fort mauvaises nuits et auraient grand besoin de votre froideur et tranquillité. » Aussi comme il se félicite de se soustraire à ces émotions ! « Je suis ravi, dit-il le 1er avril, de passer quinze jours hors de Paris, où l'on ne saurait aller dans aucune maison sans que l'on entende les gémissements et voie les larmes d'une infinité d'honnêtes gens ruinés. » Il apprécie plus que jamais sa résidence de Villars. « Si je vous écrivais de Paris, dit-il le 16 juillet, peut-être ne pourrais-je m'empêcher de vous parler de banque, de billets coupés, à couper, d'argent que l'on a bien de la peine à avoir; aujourd'hui, je ne vous parlerai que des délices de la campagne; vous n'avez pas vu mon château, vous seriez encore plus persuadé que je dois m'y trouver bien heureux... Ici nous sommes occupés de faire nos foins, commencer une récolte qui paraît très riche... »

D'ailleurs, il ne va pas à Paris « parce qu'on le fait souvent parler contre le système » de Law. « J'ai avoué (au Régent), dit-il, que ceux qui me faisaient parler contre le système ne mentaient pas toujours, parce qu'il est bien vrai... que le système et moi nous ne sommes pas trop bien ensemble. Je ne sais qui a tort; je croirai que c'est moi, si S. A. R. le veut absolument, et je vous dirai que comme j'ai toujours soutenu qu'il ne valait rien, je voudrais qu'il m'en eût coûté cent mille écus et m'être trompé. Peut-être que je me serais trompé sans qu'il m'en coûte rien. Cela serait drôle. Soyons gaillards, mon cher monsieur, non pas à vous étouffer de rire comme il vous arrive si souvent, mais au moins jusqu'à conserver une belle humeur. Je vous en parais une bien gaie; elle ne l'est pourtant pas, car je souffre de la peine de beaucoup d'honnêtes gens, qui sortent actuellement de Paris sans être assurés de leur souper. Je sais que S. A. R., qui est la bonté même, en souffre aussi. Dieu bénisse ses bonnes intentions![1] »

Villars en souffre d'autant plus que les sources de ses revenus sont atteintes. « Je vis d'industrie et d'emprunt depuis plus de deux mois, écrit-il le 7 novembre 1720. Je pouvais me voir un des plus grands seigneurs du royaume, et je suis dans les expédients pour la subsistance. Si S. A. R. n'a pas la bonté de me faire payer mes pensions, il faut emprunter à une usure affreuse. On nous propose de prendre moitié argent et moitié billets, qui ne valent rien et dont personne ne veut. Il faut espérer que l'argent deviendra plus commun. Si celui qui me doit venir de Provence me manquait, je serais dans une très grande disette. Voici des lettres bien tristes. Vous ne me parlez que de peste, et moi de misère. » Et douze jours après, Villars ajouta : « Pour moi, depuis trois mois, mes gens font subsister ma maison, et l'on ne trouve d'argent qu'avec des usures si énormes qu'on ne peut s'y résoudre[2]. »

Aussi est-il d'autant plus disposé à soutenir les adversaires de Law, qu'il le regarde comme l'auteur de sa gêne et de celle de « beaucoup d'honnêtes gens. » Le Parlement avait refusé plusieurs fois l'enregistre-

1. Lettre du 22 juillet 1720.
2. Voir plus haut, page 161.

ment des édits du contrôleur général. Il était question de le transférer à Blois, pour le punir et vaincre ses résistances. Le maréchal contribua à parer le coup: « J'ai été quelques jours assez vivement occupé, écrit-il à Le Bret, d'une négociation laquelle, grâces à Dieu, a réussi. Je voyais S. A. R., dont la bonté est connue, engagée dans une dureté qui lui faisait à elle-même beaucoup de peine. J'étais véritablement pénétré de celle de voir le Parlement sur le point de sa ruine entière. S. A. R. n'a pas désapprouvé la liberté que j'ai prise de lui parler avec la sincérité d'un bon serviteur, quoique je fusse peut-être moins à portée qu'un autre d'oser le faire. M. le cardinal de Noailles et M. le premier Président ont désiré que j'assistasse à quelques conférences. L'un et l'autre avaient de très bonnes intentions de satisfaire S. A. R, et grâces à Dieu, tout est accommodé. Elle a bien voulu me paraître satisfaite de mon zèle, et j'ai trouvé dans cette occasion, comme dans plusieurs autres de ma vie, que qui veut procurer le bien et prévenir le mal ne doit rien craindre, surtout d'un bon prince, que de manquer de fermeté dans ses représentations. M. le cardinal de Noailles et M. le premier Président et le Parlement avaient les mêmes intentions, et pour dire vrai, je n'ai eu d'autre mérite que de les bien faire connaître[1]. »

1. Lettre du 19 novembre 1721. — Voir sur cette affaire les Mémoires de Villars.

La fortune de Law était à son déclin, et le 12 décembre, Villars annonçait avec satisfaction qu'il était « hors de place ». « C'est toujours un grand bien, disait-il, que celui qui a ruiné le royaume ne soit plus au pouvoir d'achever de l'abîmer... ». « M. Law va à Effiat, ajoutait-il quatre jours plus tard, et tous les jours, on apprend de nouveaux désordres causés par cet homme envoyé du diable pour séduire le meilleur prince du monde. C'est bien à lui que nous devons la peste de la Provence, pour avoir ôté la franchise du port de Marseille pendant quelques jours; car Son Altesse Royale la rendit dès que je lui représentai les premiers malheurs. »

Au commencement de l'année 1722, Villars fit une chute sur celui de ses genoux qui avait été fracturé à Malplaquet et fut obligé de garder la chambre. « Elle n'aura pas de suites fâcheuses, dit-il le 17 janvier, quoique d'abord elle m'ait causé une contusion pour laquelle j'ai été saigné et obligé de garder le lit... Cette chute m'arriva en traversant mes appartements; ma canne glissa sur les parquets qui étaient trop frottés et trop cirés; mon pied glissa en même temps et le mauvais genou sur lequel je tombai reçut un très grand effort... » Le 14 février, il marchait toujours appuyé sur deux personnes. Ce qui ne l'avait pas empêché de se rendre le 8 février au Conseil, où le cardinal Dubois l'accueillit en lui disant : « Monsieur le maréchal, conservez bien ce genou, auquel il ne peut arriver d'accident sans que ce ne soit un malheur pour l'État. » Dans ce Conseil où figuraient deux autres impotents, le maréchal de Villeroy et le cardinal de Rohan, qui se faisaient rouler sur une chaise, Villars défendit les droits de la pairie sur une question de préséance. « Le régent, écrit-il à Le Bret, a dit que la séance de ce jour serait sans conséquence et que nous pourrions représenter nos raisons [1]. »

Le maréchal entretient volontiers Le Bret de sa santé; il lui parle de ses rhumes, des médecines et des purgations qu'il prend pour s'en guérir [2]. Il lui fait part aussi des maux de son fils : « il a été incommodé, écrit-il en 1727, mais c'est un dérangement causé par beaucoup de pastilles de Portugal, qui lui avaient gâté l'estomac, lequel se raccommode tous les jours. » Il le tient au courant de ses événements de famille. Sa belle-sœur, Mme de Maisons, mourut en mai 1727. « L'affliction de Mme de Villars est au plus haut point : c'était une personne d'un mérite fort établi dans le Parlement et qui ne laissait pas de donner grande considération à son fils qui par lui-même est un très bon sujet. »

Il est naturel que le gouverneur ne parle pas dans ses lettres adressées à Le Bret des affaires de l'État auxquelles il se trouva mêlé et de ses disgrâces passagères. Buvat dit dans son *journal* que Villars fut

---

1. Voir pour plus amples détails les *Mémoires* de Villars.
2. Lettres des 14 août 1726 et 19 août 1728.

exilé en juin 1722, en même temps que le duc de Noailles. Un voyage qu'il fit dans ses terres de Normandie fit sans doute naître ce bruit. « Je pars dans ce moment, écrivait-il le 30 juin, pour retourner à Versailles, après avoir fait un très court séjour dans mes terres, dans lesquelles l'œil du maître est toujours nécessaire. On m'a retenu quatre ou cinq jours à Rouen, où l'on m'a fait des fêtes si magnifiques qu'en vérité j'en étais honteux et fâché[1]. » A Versailles, il avait su plaire au jeune roi en lui apprenant les jeux de cartes les plus variés et en s'occupant de ses exercices militaires. Louis XV, qui avait fait élever un petit fort au haut de l'avenue de Meudon, présidait au siège simulé qui en fut fait. Villars reçut l'ordre d'assister aux attaques; « mais, écrit-il le 14 septembre, comme la place doit tenir onze jours tranchée ouverte, j'ai supplié Sa Majesté de trouver bon que je ne fisse pas campagne entière; aussi je vais aller retrouver la bonne compagnie que j'ai laissée dans mon château. »

Le superbe château de Vaux-Villars, qui atteste encore aujourd'hui la magnificence de Fouquet et le goût du dix-septième siècle, était alors le rendez-vous de la plus brillante et de la plus aimable compagnie. Les princes, les ambassadeurs, les grands seigneurs et les grandes dames y étaient conviés

1. Les mémoires de Villars placent ce voyage au mois de juillet.

comme les gens d'esprit et de talent, tels que Fontenelle et le jeune Voltaire [1]. Dans cette résidence, Villars, avec son caractère ouvert à toutes les impressions, jouissait à la fois des plaisirs de la campagne et de ceux de la société. « La terre notre chère mère, écrivait-il en juillet 1720, fait bien son devoir. Nous avons quantité d'abricots, moins de pêches; les figues et les melons seront admirables. Je m'en retourne pour les premiers conseils, après quoi j'irai dans mes terres de Normandie et de Nivernais. » Mais les excursions de ce genre ne sont qu'accidentelles; c'est toujours à Villars qu'il revient avec délices; il ne le quitte que pendant quelques jours pour aller assister aux conseils, pour faire sa cour à Versailles. » Je vas et viens, dit-il le 3 octobre 1726, profitant autant que possible des beaux jours de mon château où il m'arrive bonne et nombreuse compagnie... Je laisse ici, ajoute-t-il le 8, Mademoiselle de Clermont et plusieurs dames, et la compagnie la plus brillante de la Cour, Messieurs de la Trémoille, de Luxembourg, de Retz, d'Olonne, et un grand nombre d'autres. Je leur ai fait dresser un théâtre et ils y jouent des comédies tous les jours [2]. Je suis bien fâché de perdre celle d'aujourd'hui

1. Voir *La maréchale de Villars,* par M. Ch. Giraud, p. 141 à 179.
2. Sur le théâtre de Villars et les pièces qu'on y jouait, voir une lettre de Villars à Voltaire, du 28 mai 1722, reproduite par Sainte-Beuve, dans ses *Causeries du lundi.* t. XIII, p. 105.

et de demain; mais il faut aller à son devoir [1]. »

En 1728, son château fut honoré de la présence de la reine. Il avait pris quelque part au mariage de Marie Leczinska, qu'il avait annoncé dans ces termes à Le Bret, le 28 avril 1725 : « Le roi déclara hier son mariage avec la princesse de Pologne. Je vous assure qu'on ne peut être plus gai, ni désirer plus vivement l'arrivée de la princesse; il nous a promis que dix mois après son mariage, il serait père. » Aussi avait-il annoncé avec une vive satisfaction au premier président l'accomplissement du mariage de Louis XV : » « La nuit du 5 au 6 (juin), lui dit-il, a été pour notre jeune roi une des plus glorieuses et vous pouvez compter que les cadets d'Aix les plus estimés ne se sont jamais signalés par de plus beaux faits, ni en vérité si surprenants; celle du 6 au 7 a été à peu près égale. Le roi, comme vous voyez, est bien content de lui et de la reine, laquelle est en vérité bien reine de toutes façons. Un esprit de discernement, de bonté, de la dignité avec beaucoup de politesse. Je vous prie de faire part de tout cela à M. l'archevêque [2]. »

L'arrivée de la reine à Vaux-Villars fut une surprise. Villars, cependant, trouve le temps de l'annoncer

---

[1]. A d'autres moments, il y recevait des magistrats. Le 15 avril 1721, il écrit : « M. le premier Président y est avec toute sa famille et plusieurs Messieurs du Parlement. »

[2]. Lettre du 7 juin 1725.

immédiatement à l'intendant de Provence. « La reine arrive ici dans ce moment avec toute sa cour, écrit-il le 14 octobre 1728. Comme je n'ai été averti que d'hier, elle ne trouvera pas une fête qui approche de celle qui fut la perte du constructeur de la maison. » Mais le maréchal avait su parer à de plus grandes difficultés. La reine était suivie de quatre princesses du sang, de dix-huit dames, de gardes du corps et d'une suite nombreuse; deux tables de vingt-quatre couverts furent immédiatement préparées pour les princesses et les dames, et plusieurs autres pour les officiers et les personnes de la suite.

L'activité de corps et d'esprit de Villars suffit à tout; il a non moins d'ardeur pour les plaisirs que pour les affaires. Il suit la cour à Chantilly, à Compiègne comme à Versailles, avec un entrain toujours égal. Chantilly est pour lui, en juillet 1724, « le plus beau séjour du monde. Le roi, qui paraît s'y fort bien divertir, fit hier une chute à la chasse; mais elle ne fut pas considérable, et il ne s'en est ressenti d'aucune manière... Il n'est question ici, ajoute-t-il, que de chasse, de jeux et de bonne chère. Je prends plus de part à ce dernier plaisir qu'aux deux autres dans lesquels j'entre cependant. » La chasse a toujours de l'attrait pour lui, comme pour le roi. « Le roi fit une chasse avant-hier qui pouvait être dangereuse, écrit-il le 25 juin 1725; mais Dieu merci, il ne s'en est pas ressenti; je fis cette chasse à cheval, mais je ne courus pas avec la plus grande ardeur. » Cette ardeur se réveille en 1728. « Nous partons, dit-il le 31 mai, dans cinq ou six jours pour le voyage de Compiègne. Comme j'aime passionnément la chasse, je m'y divertirai très bien. » C'était l'époque du congrès de Soissons, qui s'occupait à régler les différends qui existaient entre l'empereur et le roi d'Espagne. Compiègne était près de Soissons, et l'affluence y était grande. « Nous sommes ici, écrit Villars le 11 juin, dans une grande vivacité d'ambassadeurs allant, passant et voyageant fréquemment d'ici à Soissons. M. de Bournonville est parti d'ici ce matin pour s'y rendre; M. le comte de Zinzendorf revient de Bruxelles dans ce moment; je lui ai fait les honneurs de Paris pendant le seul jour qu'il y a resté [1]. » A Paris, il aimait les grandes réceptions et les dîners. « La difficulté de se rencontrer à Paris, disait-il, l'immensité de cette grande ville et les différentes dissipations font qu'il est quasi impossible de se trouver à Paris à moins de se donner rendez-vous et d'aller dîner les uns chez les autres [2]. » Ses réceptions étaient une occasion pour lui de déployer son faste, sa magnificence et son entrain. On sait qu'en 1717 il avait offert un souper

---

1. Il était chargé d'affaires du roi d'Espagne. Villars le reçut à dîner le 4 chez lui, avec son fils, le baron de Penferrieder y Fonseca. Il les mena ensuite à l'Opéra. Zinzendorf partit le 5 pour Bruxelles et revint le 14 à Compiègne.

2. Lettre du 30 décembre 1716.

somptueux au czar Pierre le Grand. Le jardin était illuminé; une symphonie militaire y avait été jouée; elle électrisa tellement le czar qu'il saisit un tambour pour l'accompagner, et que le maréchal, s'emparant des timbales, en battit avec enthousiasme, aux applaudissements de l'assistance [1]. En 1729, Villars recevait toujours avec magnificence dans son vaste hôtel de la rue de Grenelle. « Je pars pour Compiègne, écrit-il le 25 avril; la plupart des ambassadeurs qui sont ici, dînèrent hier chez moi avec le prince de Holstein, évêque de Lubeck et plusieurs seigneurs allemands, et le soir, Madame la duchesse y vint souper avec une vingtaine de dames. Elles y ont passé la nuit au jeu ; pour moi, je me suis retiré à deux heures. Vous voyez qu'on tâche de faire les honneurs de Paris aux Français et aux étrangers. »

L'hiver avait été calme à la Cour et à la ville. « Nous regagnons Versailles, et quelque charmant que soit Marly, nous le regagnons avec joie, dit le maréchal le 4 mars. Les jours gras y ont été à peu près comme les vôtres, car je ne crois pas que vous ayez vu beaucoup de bals. Nous avons passé les jours gras à Maisons, où M. le cardinal de Fleury et M. le Garde des Sceaux ont passé deux jours. »

La vie agitée et mondaine, que mène Villars, ne l'empêche pas de s'occuper de ses affaires particu-

---

1. Ch. Giraud, p. 121

lières. Il y met l'ardeur et la vivacité qu'il portait à la guerre et qu'il déploie à la chasse. Menacé d'un retrait sur une terre, il dit : « Je plaiderai comme un enragé! » Au commencement de 1720, de cette année où il crie si souvent misère, il a 800,000 fr. à placer. Les domaines que le roi possède à Arles vont être aliénés par l'État, et Villars désire les acquérir. Il espère que l'intendant lui sera favorable et qu'il « écartera un peu les enchérisseurs. » « Du reste, s'empresse-t-il d'ajouter, je ne voudrai jamais m'assurer un bon marché par des voies qui seraient contraires à la justice [1] : » mais « il serait bien triste, écrit-il le 8 mars, de voir son bien en l'air par la révolution de tant d'effets qui ont été les biens les plus solides. Pour moi, je m'en trouve pour plus de huit cent mille francs, n'ayant jamais voulu mettre au Mississipi. Vous voyez bien que si l'emploi d'Arles me manque, je suis mal. » Il avait un concurrent redoutable, le sieur de Laugier, d'une famille noble d'Arles, qui s'était enrichi dans les spéculations suscitées par le système de Law; il lui faisait écrire « de ne pas pousser à bout ce pauvre maréchal de Villars, son gouverneur, lequel veut bien acheter cher les domaines d'Arles, non pas en mississipiens, lesquels jettent et perdent au jeu les millions comme ils auraient fait un sol il y a six mois. S'il se moque

1. Lettre du 29 novembre 1719.

de moi, ajoute Villars, je lui promets une reconnaissance éternelle de son impudent mépris, comme aussi je lui serai obligé s'il a la bonté de ne pas me pousser à bout. N'est-ce pas parler avec le respect dû aux mississipiens, nation si redoutable qu'ils feraient la guerre au roi s'ils l'avaient bien résolu? »

Il ne peut se résigner à la pensée d'avoir un concurrent. « Je suis piqué comme je le dois, s'écrie-t-il, contre ce Laugier, qui a osé enchérir sur moi et m'a traité avec l'insolence d'un général mississipien... Enfin, de général à général, il n'y a que la main ; celui-là ne m'a pas battu ; mais il a affaibli mes troupes et je n'oublierai rien pour le bien battre à la première occasion que j'en trouverai[1]. »

Laugier a-t-il craint de « pousser à bout ce pauvre maréchal de Villars? » Toujours est-il que ce dernier reste acquéreur, moyennant une somme de 720,000 l.; mais alors il s'agite pour que le paiement en soit effectué le plus promptement possible; l'instabilité financière de l'époque lui fait sans doute craindre des réductions de valeurs ou d'effets. Tout en se félicitant du zèle avec lequel le trésorier Dugrou a agi dans ses intérêts, il le presse d'activer le paiement de son acquisition. Il écrit à plusieurs reprises à ce sujet, notamment le 20 juillet : « Mon tempérament un peu vif, lui dit-il en 1720, me fait souffrir de la lenteur

[1]. Lettre du 15 avril 1720. — « Les mississipiens, disait-il dans la même lettre, jettent les millions à la tête. »

de mes paiements d'Arles?... J'en parle à M. Dugrou depuis quatre mois avec la même vivacité, parce que c'est mon génie, soutenu par cette grande maxime que ce qui est bon à faire, ne peut être trop tôt fait. »

Les domaines d'Arles lui amenèrent plus tard quelques tracas. « Il y a toujours des gens, dit-il, qui veulent mettre le nez dans mes domaines d'Arles, tantôt par un endroit et tantôt par l'autre. Si je puis les découvrir, je vous assure que je leur déclare une guerre mortelle. » Cependant il estime que les entreprises qu'on veut faire sur son bien n'iront pas bien loin. « Des fripons qui veulent s'appuyer du crédit de Madame la duchesse pour avoir, quoi? Mon bien, et un bien qui m'a coûté assez cher. Quoi qu'il en soit, j'espérais bien qu'il ne fallait qu'éclairer la chose pour être tranquille, surtout M. le duc tenant le timon de l'État [1] ».

Martigues excite toujours particulièrement la sollicitude du maréchal; il défend avec d'autant plus de vivacité et de persistance les intérêts de sa principauté qu'ils sont étroitement liés aux siens. « Les habitants de Martigues, écrit-il à Le Bret en 1717, se plaignent que pour parvenir au paiement des dettes de leur communauté on prétend faire une imposition sur les biens fonds des habitants, sans y

1. Lettres des 13 février, 1er avril, 28 juillet 1720, 18 octobre et 7 décembre 1724.

comprendre le corps de la marine, et font voir par un état que les revenus de la communauté sont insuffisants pour en acquitter les dettes. Je vous prie d'examiner leurs prétentions qui me paraissent justes. » A plusieurs reprises, Villars invoque l'intervention de Le Bret en faveur des Martégaux ; il le remercie, en 1722, des conseils qu'il leur a donnés pour éviter un procès, qui leur aurait été défavorable, et s'accommoder par des arbitres. « Je ne suis pas étonné, ajoute-t-il, que les malheurs que notre pauvre Provence a essuyés aient laissé quelque fondement de mauvaise humeur, laquelle jointe à la vivacité du pays, peut produire ce que l'on appelle en Languedoc des petoffes [1]. »

En 1724, l'ancien trésorier des États, Silvy, obtint le privilège d'établir à Martigues une fabrique de draps et de camelots façon de Bruxelles destinés au commerce du Levant. L'État devait lui donner 10 l. par pièce de drap ou de camelot pendant le temps de son privilège [2]. En 1726, le Languedoc demanda les mêmes grâces pour ses manufactures. Lorsque l'affaire vint au Conseil, Villars « prit la liberté de représenter que l'on faisait beaucoup de grâces dans les premières années d'un établissement pour pouvoir le rendre solide, que celui-ci commençait bien,

1. Lettres des 29 août 1717 et 27 janvier 1722.
2. Lettre du contrôleur général Dodun à Le Bret, du 12 mai 1724. (Arch. nat. G⁷ 31).

qu'il n'y avait aucune pareille manufacture dans toute la Provence et qu'il était de l'intérêt du roi et de l'État qu'une province maritime eut des manufactures d'étoffes chez elle, d'autant plus que de ses ports partaient les étoffes pour la Méditerranée et le Levant. Il fut ordonné, ajoute-t-il dans sa lettre à Le Bret, qu'on vous en écrirait. Je vous demande sur cela ce que votre zèle pour le service de l'État vous inspirera, car pour moi, il ne m'en revient pas un écu [1]. »

Directement, c'était possible. Mais la prospérité de la fabrique importait à celle de Martigues, et de celle-ci dépendaient les revenus de son seigneur. En 1727, les Martégaux se montrèrent très alarmés du projet d'établir un fanal à la tour de Bouc, « lequel, dit Villars, m'ôterait un revenu considérable ; mais ils prétendent qu'ayant été suspendu autrefois, dès que l'on en avait parlé, les mêmes raisons qui l'avaient fait suspendre l'empêcheraient aussi cette fois-ci, et j'espère bien que votre avis sera favorable à moi et à la pauvre ville. [2] » Ce n'était du reste qu'une fausse alarme, et le projet de fanal à Bouc fut ajourné.

1. Lettre du 13 décembre 1726.
2. Lettres des 22 et 26 février 1727. — Il avait écrit en février 1725 aux échevins de Marseille sur les tracasseries qu'on voulait faire à Silvy. « Pour moi, disait-il le 20, j'ai été plus porté à l'établissement de sa manufacture pour la Provence en général que pour la ville de Martigues en particulier, et je l'ai cru d'autant plus que le Languedoc entier s'y opposait. »

CHAPITRE XVII

Le commerce et les embellissements de Marseille.

De même que Villars protégeait les intérêts de Martigues contre ceux de Bouc, il défendait le commerce de la Provence contre les prétentions du Languedoc. Lorsqu'en 1720 la peste obligea de fermer au commerce le port de Marseille, les États de Languedoc, représentés par l'archevêque de Narbonne, voulurent faire attribuer les mêmes privilèges au port de Cette. « Son Altesse Royale, dit Villars le 30 novembre 1720, en parlant du régent, a ordonné qu'il y aurait une conférence sur cela avec moi, et M. l'archevêque de Narbonne ayant désiré que ce fût chez moi, ces messieurs s'y trouvèrent hier. Je fis avertir les sieurs de Beaumont et Grégoire, députés du commerce. Il y fut très exactement agité tout ce qui se pouvait dire sur le *commodo* et *incommodo* des deux provinces. Ces messieurs assurèrent fort qu'ils se soumettraient à reprendre le commerce par Marseille dès que cela serait possible. Pour moi, je dis qu'il me semblait que nous nous débattions sur une chose que des intérêts plus importants devaient décider; que ce ne pouvait être ni sur ceux de Marseille et la province en particulier, bien que nos malheurs dussent exiger grande attention et même exciter la pitié chez nos voisins; mais que ce serait celui du royaume en général qui voulait que le commerce du Levant ne fût fait que dans les ports où les quarantaines, les infirmeries et les bâtiments fussent bien établis; qu'après Marseille, il n'y avait que le seul port de Toulon où tous ces établissements fussent assez solides pour tranquilliser le royaume, qu'il y avait peu d'années que la peste ne parut aux infirmeries de Marseille, mais que par l'exactitude, la vigilance et la bonté des infirmeries, le mal ne se communiquait point; que cette année même, il ne serait pas sorti des infirmeries, si pour avoir ôté la franchise du port de Marseille, les pacotilles et les contrebandes ne nous avaient amené ce fléau terrible; que nous ne voulions pas nous opposer aux avantages que nos voisins pourraient retirer de nos malheurs; que nous étions persuadés qu'ils n'en profiteraient qu'avec douleur, mais qu'il n'y avait qu'à laisser décider ceux qui étant neutres sur l'une et sur l'autre, seraient uniquement guidés par le bien en général de l'État.

« Voilà, Monsieur, ce qui s'est passé dans notre conférence où il n'a rien été décidé de part et d'autre. Ces messieurs ont grande envie d'établir le premier retour de leurs vaisseaux à Cette, en s'engageant que ce ne serait que pendant le temps que Marseille ne pourra pas les recevoir; et nos gens craignent que cet établissement fait une fois, malgré les paroles données, ils ne voulussent le continuer ».

Dans cette circonstance, Villars avait défendu les intérêts de la Provence avec cette « facilité à parler », qui allait, selon Saint-Simon, jusqu'à l'abondance. Il avait pris à cœur la prospérité de Marseille; il avait l'intelligence de ses hautes destinées. « Les échevins, disait-il le 27 avril 1724, peuvent compter sur une protection entière de ma part pour faire fleurir leur commerce. La situation de Marseille doit rendre cette ville la plus puissante de la Méditerranée. C'est servir le roi et l'État que de contribuer à tous ses avantages, et pour moi, je ferai mon devoir. »

Villars revient sur les intérêts et l'avenir de Marseille, le 26 juillet. « Je vois, écrit-il à Le Bret, que vous espérez par la vigilance de messieurs de Marseille réparer la disette de blés causée par la mauvaise récolte. Je vous supplie de leur donner toujours vos bons conseils sur toute leur conduite; je souhaite qu'elle soit toujours assez bonne pour seconder les intentions que j'ai de les protéger en tout ce que l'équité et le bien public permettront. Je suis persuadé que cette ville, bien gouvernée, peut devenir la plus puissante du royaume par son commerce et sa magnifique situation; je crois que pour y parvenir, il faut leur laisser la liberté, suivant cette ancienne maxime, que dans les royaumes le commerce demande seulement liberté et protection. »

Villars avait l'intelligence trop ouverte pour ne pas comprendre les avantages de la liberté commerciale. Il le dit dans une autre circonstance, à l'occasion d'une demande de confirmation de privilège pour les voitures publiques en Provence. « Cette confirmation a été refusée, dit-il. Il est certain que les privilèges exclusifs sont toujours onéreux au public [1] ». « Il faut toujours aller au bien public, dit-il ailleurs, sans s'occuper des petits intérêts particuliers [2] ». A maintes reprises, il se préoccupe de la situation du commerce de Marseille; il veille aux affaires de sa Chambre de commerce, si importante par ses relations avec le Levant; il correspond avec elle; il contribue à faire donner satisfaction à quelques-unes de ses demandes; il lui fait obtenir quelques-unes des libertés qu'elle réclame pour le négoce [3]; plus tard, en 1726, il déplore les banqueroutes qui lui sont signalées dans la ville; il voudrait par tous les moyens y faire régner la prospérité, donnant aux échevins l'exemple des magistrats de Hollande, et voulant détourner les

---

1. Lettre du 18 septembre 1726. La même année, il s'oppose à l'augmentation du prix des places de la diligence de Lyon, que demandaient les entrepreneurs, en s'engageant à garantir les voyageurs des risques de vol. (*Mémoires de Villars.*)

2. Lettre du 9 août 1721.

3. Lettres de 1716, 1718, 1721, 1722, 1724. O. Teissier, *Inv. des archives historiques de la chambre de commerce de Marseille*, p. 26. — M. Teissier donne l'analyse de quelques-unes de ces lettres.

jeunes négociants des distractions dangereuses qui pourraient les amener à la ruine.

« Je voudrais fort, écrit-il à Le Bret le 7 décembre 1724, que notre chère ville de Marseille put prendre un peu de l'esprit de ces villes de Hollande qui se sont rendues si puissantes par le commerce; mais l'esprit provençal pourrait bien tenir un peu plus du soleil, tandis que celui de la Hollande a le flegme du nord et des marais. Vous, monsieur, dont le flegme peut rectifier l'ardeur de nos esprits, je vous exhorte à mettre le vôtre à seconder mes bonnes intentions pour faire fleurir le commerce; j'ai recommandé et ordonné à messieurs les échevins de défendre dans Marseille tout jeu de bassette, pharaon, biribi et roulette. Je vous supplie de conformer vos ordres aux miens sur cela, rien n'étant si pernicieux pour une ville de commerce que ce qui contribue à débaucher toute la jeunesse. La musique, l'opéra, la comédie et tout spectacle, tant qu'ils voudront; je leur enverrai même, s'ils le veulent, des danseurs de corde et des marionnettes; mais ce sera à condition que vous n'en manquerez pas un spectacle : je sais que vous aimez passionnément ces derniers. »

La passion du jeu avait toujours été vive à Marseille [1]. En 1720, d'Argenson voulait empêcher d'y jouer le pharaon publiquement; il n'y réussit point. Les injonctions de Villars ne furent pas plus écoutées

---

[1]. Voir une lettre anonyme, dénonçant une académie de jeux dans cette ville, en 1714. (Archives nationales, G⁷ 480.)

que les autres. En 1731, le marquis de Pilles était obligé de solliciter pour faire enfermer aux repenties une demoiselle Chaumel qui donnait à jouer chez elle. « Elle loue des chambres garnies et par le moyen des étrangers qui logent chez elle, elle y attire facilement le jeu... Il y a dans cette ville, dit de Pilles, millions d'endroits qui sont des coupe-gorge où l'enfant de famille et le garçon de comptoir apprennent par la perte de leur argent à voler leurs maîtres. » Les loteries faites dans un but de bienfaisance ou d'édification auraient pu du moins être tolérées; mais Villars les considérait encore comme un aliment donné aux instincts des joueurs. « J'apprends, disait-il, par une lettre de messieurs les marguilliers de la paroisse Saint-Ferréol de Marseille, qu'il y a une loterie ouverte dans cette ville en faveur de la chapelle des Pénitents. C'est ce que j'ignorais absolument. Comme elles ont été défendues à Paris, je les croyais également suspendues dans tout le royaume. Il faut que l'on ait cru que messieurs de Marseille avaient plus d'envie de jouer que les autres, et qu'au défaut de pharaon, il leur fallait des loteries pour s'amuser [1] ».

Le théâtre, comme le pensait Villars, avait moins d'inconvénients, bien qu'il y éclatât parfois des « tumultes », dont les échevins ne manquaient pas d'informer le gouverneur. Le maréchal, grand amateur

1. Lettre du 27 juin 1717.

de spectacles, dont « il ne bougea tant qu'il put », dit Saint-Simon, s'intéressait non seulement à l'opéra de Marseille, mais aux chanteuses. Une académie de musique, fondée sous ses auspices, était en rivalité avec l'Opéra. « Je vois, dit-il à Le Bret, que vous êtes un peu entré dans ces démêlés... Je ne serai jamais surpris que les chanteuses quittent l'académie pour l'Opéra, attendu que les coulisses ont un grand mérite. Je vois qu'une chanteuse avait quitté l'académie pour l'Opéra; cela est dans l'ordre, et qu'actuellement elle quitte l'Opéra pour l'académie... J'en suis surpris, et si M. d'Éguilles n'était pas procureur général, et, selon les apparences, plus sage que lorsque nous étions à Marseille, je jetterais quelque petit soupçon sur lui à l'égard de cette désertion, laquelle n'est pas du tout naturelle. A Marseille, il était pour la danse, ou pour mieux dire, pour les danseuses.

« Je vois avec beaucoup de satisfaction que vous entrez vivement dans toutes ces intrigues-là, et je voudrais bien que vous fissiez venir quelque chanteuse chez vous, le soir, car vous vous portez à merveille et, en vérité, je crains pour vous trop de santé. Songez que le roi d'Espagne a pensé en mourir deux fois. Je finis avec les plus prudents conseils qu'on puisse vous donner et les plus favorables pour votre santé ! ».

D'après Saint-Simon, Villars aurait « déshonoré publiquement sa vieillesse par ses honteux propos ».

1. Lettre du 14 juin 1728.

Les insinuations d'un goût risqué qu'il adresse à Le Bret sont à coup sûr exceptionnelles dans sa correspondance. Le Bret paraît les avoir accueillies froidement. Le maréchal revient encore sur la chanteuse. « Ses changements divers, écrit-il peu de temps après, m'apprennent qu'elle est véritablement digne de son emploi, et j'espère que le retour de l'Opéra à Marseille ne causera pas tous les malheurs que l'on m'a voulu faire appréhender[1]. » Il s'intéressa, l'année suivante, à une autre chanteuse, dont le ministre Saint-Florentin parlait dans les termes suivants à l'intendant :

« La demoiselle Sauvain, pour qui la reine a eu de la bonté par rapport à sa voix et à sa petitesse qui est un obstacle à son avancement, a été reçue à l'académie de musique à Marseille. On la menace de la renvoyer par rapport à la mort de M. le bailli de Langeron, qui l'y avait fait recevoir. M. le maréchal de Villars l'a depuis recommandée, mais on a souhaité que je vous écrivisse pour que vous ayez, s'il vous plaît, agréable de faire parler en sa faveur aux directeurs de cette comédie[2]. »

L'académie de musique, dont il est question, avait été fondée en 1717. Villars en était le protecteur, et lui avait fait obtenir en 1720 des lettres patentes qui lui donnèrent une existence légale[3].

1. Lettre du 29 juin 1728, datée de Compiègne.
2. Lettre du 18 août 1729.
3. Dassy, l'*Académie de Marseille*, p. 143, 147, 149.

Le maréchal ne s'inquiétait pas seulement des plaisirs de Marseille ; il songeait à ses embellissements. La ville, jusqu'au milieu du dix-septième siècle, ne présentait qu'un réseau de rues étroites et ne contenait aucun monument remarquable. Vers 1675, on n'y citait qu'une place publique d'une belle dimension et un cours, dont l'agrandissement était désiré [1]. Le célèbre Puget avait été appelé plus tard à faire les devis et l'exécution d'une statue de Louis XIV, qui se serait élevée sur une place royale, dont les dessins auraient été donnés par Mansard. Puget résolut d'aller trouver le roi à Versailles pour lui soumettre ses plans, au grand déplaisir du père de Le Bret, qui, dans sa morgue de magistrat, ne paraît pas avoir eu le sentiment de la valeur de ce grand artiste. « Je ferai, écrivit-il à cette occasion à Colbert de Croissy, tout ce qui dépendra de moi pour le détourner de ce voyage, qui n'aboutira, je crois, qu'à perdre une année de temps ; mais je ne réponds pas d'y réussir, car il n'est pas toujours facile de gouverner ces sortes de gens, quand ils croient exceller dans leur art [2]. » La guerre qui survint et la mort de Puget ajournèrent les plans qui avaient été formés à cette époque.

On avait construit au dix-septième siècle un hôtel de ville, sur un plan quelque peu mesquin [3]. Il n'a-

1. Voyage de Provence (Bibl. nat., man. f. fr., 24255).
2. Lettre du 15 mars 1686 (fr. 8832). On trouvera, dans le registre 8912, des pièces relatives à la statue équestre de Louis XIV que devait faire Puget et aux réclamations de ses héritiers.
3. Il fut souvent question, au XVIIIe siècle, d'agrandir cet hôtel de

vait que cinq fenêtres de façade, et le corps de logis central était orné d'un balcon, soutenu par des colonnes de marbre jaspé. La salle du rez-de-chaussée, qui servait de Bourse, passait pour être de dimension insuffisante [1]. En 1718, il fut question d'embellir ce monument, « suivant le dessin qu'en avait envoyé le maréchal. » Plusieurs sculpteurs se présentèrent, et l'on crut qu'une dépense de 9,000 fr. suffirait pour leur travail. Villars intervint pour faire homologuer le traité que la ville passa avec eux, et voulut que ses armoiries figurassent sur l'édifice restauré. « Je vous prie, écrivit-il à ce sujet à Le Bret, de vouloir bien expliquer à M. le Garde des Sceaux et à M. le Peletier des Forts, dans les lettres que vous leur écrirez, que je veux payer ce qu'il en coûtera pour mettre mes armes. J'avoue que je ne suis pas fâché qu'il demeure quelques petits monuments dans notre ville de Marseille qui marquent mon attachement pour elle et son amitié pour moi [2]. »

Après qu'elle fut remise des désastres et des émotions de la peste, la ville, entrant dans une ère de prospérité, s'occupa de nouveau de l'ouverture et de la construction d'une place royale. Villars se fit adresser à ce sujet des plans et des mémoires, dont il entre-

---

ville, construit de 1655 à 1673. (Fabre, les *Rues de Marseille*, p. 308 à 310.)

1. Voyage en France et en Espagne (Bibl. nat., man. f. fr., 24975).
2. Lettre du 29 septembre 1718. Voir aussi lettres des 29 et 31 octobre.

tint le conseil. « Je suis bien pour vous, écrit-il à Le Bret le 24 février 1725, quand vous dites qu'il ne faut pas s'en rapporter entièrement à ceux qui font la dépense pour la construction d'une place, qui doit être belle, étant au bout d'un cours très magnifique ; ainsi je vous exhorte à tenir bon ; je soutiendrai votre sentiment au conseil des dépêches ». Il ajoutait, le 12 avril : « Mon sentiment est d'entreprendre et d'agir toujours et de n'obliger personne à de certaines dépenses que dans des temps où elles se peuvent faire sans beaucoup incommoder le public et le particulier. « Quoique le conseil eût approuvé les plans proposés, ils ne s'exécutèrent point rapidement ; car, le 15 février 1727, Villars écrivait à l'intendant : « On a décidé au Conseil des finances ce qui regarde la rue et la place qu'on médite à Marseille ; vous me ferez plaisir de m'envoyer un plan qui me fasse connaître ce qui est proposé ; je l'ai demandé à M. des Forts ; mais il avait oublié de le mettre dans son portefeuille. » L'année suivante, le plan était encore à l'examen [1].

Villars défendait les intérêts de Marseille même contre les autorités militaires et maritimes. En 1715, le maréchal de Tessé avait demandé pour la marine une grande place, estimée 250,000 fr. et qui appartenait à la ville. Le duc d'Orléans dit que si les titres de celle-ci étaient justifiés, ils devaient être respectés.

1. Lettre du 22 février 1728.

Villars avait contribué à faire prendre cette décision en sa faveur, en disant : « Je ne consentirai pas qu'on fasse tort à notre chère Provence [1]. »

[1]. Lettre du 6 décembre 1715.

CHAPITRE XVIII.

Affaires militaires et maritimes.

Les affaires militaires ne prennent pas, chose assez singulière, une large place dans la correspondance du maréchal. Sans doute, pendant les années où il fut président du conseil de guerre, a-t-il signé un assez grand nombre de lettres émanant des bureaux de la guerre; mais on voit qu'elles ont été rédigées par des commis et qu'elles n'ont pas été écrites sous sa dictée par son secrétaire; beaucoup d'entre elles même où l'on parle au nom du conseil, sont signées par un de ses membres, Le Blanc, qui fut plus tard ministre de la guerre. Cette correspondance officielle concerne la solde, la marche des troupes, la capitation des officiers, les congés, les réductions de régiments et d'autres questions d'un intérêt purement militaire; nulle part, on n'y sent l'esprit ni le style du maréchal; ce sont des affaires courantes que l'on traite dans les bureaux, en se conformant aux précédents et en se gardant de toute originalité dans les idées comme dans la manière de les exprimer.

Les principales attributions du gouverneur, si l'on en juge par ses lettres patentes, étaient à coup sûr ses attributions militaires. Villars ne semble y attacher d'importance qu'autant qu'elles touchent aux intérêts des habitants de la province. Il s'occupe, il est vrai, en 1715, du préjudice causé aux soldats de Toulon, pour le retard causé dans le paiement de leur solde et de leur prêt; mais il intervient surtout directement dans les questions de garnison. Le placement des quartiers de cavalerie donnait lieu à de véritables abus. On voulait en mettre dans des villes « où les fourrages étaient rares et chers[1]. » Grignan disposait de ces quartiers comme il l'entendait; après sa mort, Villars revendiqua la même prérogative, mais ce fut pour s'en rapporter comme de coutume à l'opinion de Le Bret. A ce propos, il lui écrivait : « Je ne trouve rien de plus juste que ce que vous proposez, qui est d'en partager les incommodités. » Les garnisons étaient, en effet, souvent onéreuses aux populations, qui tiraient de leur présence plus de dommage que de profit. Aussi les Provençaux « étaient-ils sensibles à n'avoir que huit compagnies de cavalerie au lieu de douze. » Le départ des troupes est une bonne nouvelle qu'on s'empresse de leur annoncer. « Les régiments d'Égrigny et de Gatinais ne vont plus à Malte, écrit le gouverneur, et par conséquent doivent sortir de la province[1]. » En 1718, quatre esca-

1. Lettres des 7, 25, 29 mars 1715.

drons de cavalerie sont renvoyés. L'annonce du départ des dragons de Lautrec est accompagnée de cette réflexion du maréchal : « Voilà déjà un soulagement[1]. »

Les consuls et les habitants se plaignaient, en effet, trop souvent des désordres et des violences des troupes, comme à Antibes, où ils s'adressent à Villars. Celui-ci, qui préfère l'apaisement à la répression, désire que l'on intervienne auprès du commandant pour faire cesser des dissensions qui sont préjudiciables à la communauté[2].

Il reçoit aussi des plaintes de ses consuls sur les exemptions d'octroi trop considérables que réclament les officiers, des plaintes des officiers sur les droits d'entrée qu'on leur fait payer[3]. Sur toutes ces réclamations, il veut avoir l'avis de Le Bret et lui demande ce que l'on peut faire pour « pacifier ». « Vous savez, lui dit-il, que c'est toujours mon intention[4]. » Il sévit pourtant parfois, et fait casser, en 1718, un officier qui a insulté deux consuls. Il répond à toutes les requêtes qui lui sont adressées, soit pour des prolon-

---

1. Le passage des troupes était une vraie calamité pour certaines localités. En 1713, les consuls de Tarascon écrivent que ce dernier passage a fait déserter plus de trente familles de la ville et que celui qu'on annonce en fera déserter plus de cent. (Arch. nationales, G⁷ 479.)
2. Lettre du 10 juillet 1717.
3. Lettre des consuls de Toulon en 1715, du capitaine des compagnies d'invalides à Entrevaux, en 1719.
4. Lettre du 31 octobre 1717.

gations de congé, soit pour des demandes de place. Un capitaine réformé désire entrer aux Invalides. « Ayant 250 f. de sa réforme, répond Villars, il peut vivre plus aisément et plus honorablement dans notre chère Provence, où les vivres sont à bon marché, que de devenir officier invalide. »

La levée des milices provinciales, dont la liste des officiers lui fut soumise[1], le préoccupa surtout, au point de vue des intérêts des habitants de ses terres. Il appelle l'attention de l'intendant sur ses terres. « Celles-ci, dit-il, indépendamment des gardes-côtes, pourraient être ménagées en ce que je n'ai point été inutile au traitement de la Provence à laquelle on ne demande que 600 hommes[2]. » Il n'était pas désavantageux pour une province d'avoir un gouverneur influent. Les recommandations et les privilèges jouaient un rôle prépondérant dans bien des circonstances. Lorsqu'en 1727, les compagnies de cadets furent rétablies, l'intendant envoya au maréchal la liste des jeunes gentilshommes qui désiraient entrer dans les compagnies. « M. Le Blanc m'a dit que nous l'examinerions ensemble, écrit le maréchal. Vous m'auriez fait plaisir de me mander ceux que vous désiriez qui fussent préférés. » Encore faut-il que les recommandations soient faites clairement.

1. Lettre des 12 janvier et 2 avril 1719.
2. Lettre du 29 mai 1726.

« Je vous supplie de me mander, écrit Villars un autre jour, si deux neveux de M. l'évêque de Castres, qui sont assurément de bonne maison, ne sont pas sous des noms qui me seraient inconnus sur la liste des gentilshommes qui me sont présentés comme cadets; puisque je les tiens de Provence, leur naissance et le mérite de Monsieur leur oncle porteraient à les préférer [1]. »

Les côtes de la Provence étaient parfois menacées par les incursions des pirates barbaresques. Il appartenait aux commandants militaires de veiller à leur sécurité. A propos d'une de leurs incursions, qui avait eu lieu en 1727, Villars écrivit à l'intendant : « Il y a longtemps que nous attendions quelque aventure pareille... et l'armement de deux vaisseaux était nécessaire pour imposer à ces Barbaresques auxquels il importe de parler très fortement, puisque si on leur permet des libertés, ils en abuseront bientôt, et je ne doute pas que vous ne receviez des ordres positifs sur cela, en attendant ce que l'on fera dire aux régens de Tunis. J'ai appris depuis par une lettre de M. Bernard qu'un de nos vaisseaux avait amené ces deux petits corsaires à Toulon. Comme par nos traités avec les Barbaresques, ils ne doivent faire aucune prise à dix milles de nos côtes et que ceux-ci ont eu l'insolence de mettre pied à terre, le roi a

---

1. Lettres des 24 janvier et 21 février 1727.

ordonné que l'on demande une justice très sévère en faisant ramener les bâtiments[1]. »

Les hostilités continuaient au commencement de 1729 avec le bey de Tripoli. Villars rend ainsi compte, dans une lettre du 2 mars, d'un des épisodes de cette guerre. « J'apprends par d'autres lettres de Provence, dit-il, qu'environ une trentaine de nos bâtiments s'étant rencontrés à Malte délibérèrent de faire route ensemble jusqu'à Marseille pour se fortifier contre les Tripolins, et que le mauvais temps les ayant forcés de se séparer, une partie de ce convoi relâcha à l'île de la Lampedouse où un pinque dudit convoi ayant abordé le premier, il trouva dans le port un sambequin ou gros bateau de Tripoli, armé de quatorze Turcs, qui n'ayant trouvé dans ledit port aucun bâtiment français pour l'enlever, en avait saccagé l'hermitage et attendaient le vent favorable pour se remettre en mer, et que dès que le pinque commandé par le sieur Martin de Martigues parut, les corsaires l'attaquèrent et qu'ils étaient sur le point de s'en rendre maîtres, quand un autre bâtiment du même convoi arriva au secours, qui enleva ces quatorze Turcs qu'on a dispersés sur chaque bâtiment. » Et Villars, assez mal renseigné sur la géographie, demande à Le Bret : « Je ne sais ce que c'est que cette île et ce port de Lampedouse. Je vous prie de me

1. Lettre du 5 mai 1727.

mander ce que vous pensez de cela. » Le Bret s'empresse de répondre : « L'île de Lampedouse est entre Malte et la Barbarie ; elle est fameuse par une chapelle et un hermitage, où les gens de mer trouvent des cordages et des agrès. »

La prise de ce corsaire contribua-t-il à la cessation des hostilités? Toujours est-il que quelques jours après, le 16 mars, Villars écrivait : « Il est certain que le bey de Tunis demande la paix. Vous jugez bien que mon sentiment n'est pas qu'on la lui refuse, puisque ces sortes de guerres ne nous amènent ni profit ni honneur. »

CHAPITRE XIX

Les recommandations.

Sous tous les régimes, même sous ceux où les principes d'égalité sont proclamés, les recommandations ont joué un grand rôle. Les hommes puissants sont disposés à les entendre et à en faire, par politique, par courtoisie, par vanité. Villars plus que nul autre était porté par nature à les accueillir et à les transmettre. Il en est d'ailleurs que le sentiment de la justice et de l'équité inspire, et quand elles attestent des droits acquis, elles sont à la fois utiles et légitimes. Quelques-unes sont dictées uniquement par le désir d'être courtois envers le solliciteur ou son patron. Ainsi Villars fait connaître à Le Bret que le sieur Granet, fils de l'intendant de M. et de Mme de Maisons, voudrait avoir une subdélégation ou tout autre emploi; il lui apprend que le fils de M. Noblet, secrétaire du roi, agent de Provence, désire obtenir la survivance de la charge de son père. « Ce sont d'honnêtes gens », se contente-t-il d'ajouter. Le commentaire n'est pas très chaleureux. D'autres n'obtiennent du gouverneur qu'un mot de recommandation, comme un écuyer du roi qui veut établir en Province « une académie à monter à cheval », comme Magnaudy, avocat du roi dans la vallée de Barcelonnette, et le sieur Garavaque; mais un mot, c'est encore une faveur.

Lorsqu'il s'agit d'un officier et d'un homme de qualité, la phrase est moins brève et plus élogieuse. Le colonel de Métral se rend à Aix. « C'est un bon officier et un homme de distinction, écrit Villars, et je serais bien aise qu'il sût que je vous l'ai recommandé. » Une autre fois, il s'agit d'un de ses parents, M. de Sebeville, ancien colonel de dragons, qui a la tête quelque peu dérangée. « Il se fait appeler M. de la Roque, voyage à cheval, et l'on prétend qu'il va s'embarquer à Marseille. » Villars désire que Le Bret lui parle très fortement : « Il a plus de 30,000 livres de rentes bien venantes et bien quittes... Vous ferez une très bonne œuvre, si vous lui racommodez la tête[1] ».

Il est aussi des solliciteurs qui se font appuyer auprès du gouverneur et dont le gouverneur renvoie la requête à l'intendant. « Vous trouverez ci-joint, écrit-il, un papier que m'a donné M. de Fréjus au sujet de gens qui ont été à son service et qui deman-

---

1. Lettres des 20 février 1728 et 12 octobre 1725.

dent une de mes sauvegardes, lesquelles vous savez que je donne très difficilement, attendu que pour protéger l'un, on nuit à l'autre; ainsi je vous l'envoie tout simplement, m'en rapportant à votre équité [1] ».
Le Bret ne s'est jamais occupé de pareilles affaires, mais il s'informe de la marche à suivre.

Parfois, c'est au premier président et non à l'intendant que s'adresse le maréchal pour lui recommander des gens qui ont des procès. Il lui parle des siens, notamment d'une difficulté relative à un de ses moulins, en ayant soin de lui dire : « Je suis bien persuadé que mon intérêt n'a pas dérangé votre équité naturelle. » Une autre fois, il appuyait une requête de M. de Campredon, résident du roi à Stockolm, en lui répétant la même formule, qui était un hommage au caractère du magistrat : « Je ne vous demande en cette occasion comme en toute autre, que ce que l'équité peut permettre. » Il se ne servait pas, il est vrai, de ces précautions oratoires, en recommandant le marquis de Sabran Baudinar qui avait un procès à la cour d'Aix [2].

Le prince de Dombes lui fit prendre également un intérêt particulier à l'affaire d'un pâtissier de Mar-

1. Lettre du 21 février 1724. — Les sauvegardes étaient des exemptions de logement données par les généraux d'armée. Celui qui en obtenait une faisait mettre sur sa porte un placard aux armes de celui qui conférait la sauvegarde. Saint-Simon rapporte qu'en 1720, Villars fût hué, un jour qu'il passait sur la place Vendôme, par le public, qui l'accusait d'avoir trafiqué ou abusé des sauvegardes.
2. Lettres des 10 février 1727, 2 décembre 1715 et 22 mars 1729.

seille, poursuivi pour une cause dont on ne parle qu'en termes équivoques, mais qui était à coup sûr égrillarde, sinon scandaleuse. Cette affaire paraît avoir occupé beaucoup le cercle mondain de la maréchale de Villars. « Votre lettre du 8 juin, écrit Villars à Le Bret, fut lue en bonne compagnie, et la maréchale de Villars qui connaît votre sérieux a cependant cru que vous n'aurez pu vous empêcher de rire en l'écrivant. L'imagination de quelques auditeurs alla loin sur l'écriteau qui devait être mis sur l'estomac du pâtissier, et l'on fut persuadé que les demoiselles de Marseille l'auraient enlevé à la justice. M. le prince de Dombes compte aussi que le président d'Aix lui sera plus favorable. »

Le pâtissier, si bien protégé, n'en fut pas moins condamné par le lieutenant criminel de Marseille « pour le crime qu'il a commis et qui n'a pas encore de nom, à 20 l. d'aumônes aux filles de la Pureté, à 20 l. aux filles de la Providence, à l'achèvement de sa prison et à 3 l. d'amende. » Ce jugement excita la gaîté de Villars et sans doute de son cercle. « Il était bien juste, dit-il, que les filles de Pureté profitassent de l'impureté, mais je ne trouve pas l'amende justement distribuée, puisque j'imagine qu'à Marseille comme dans plusieurs grandes villes, il y a plus de filles de providence que de filles de pureté [1] ».

---

1. Lettres des 22 et 26 juin et 16 juillet 1726. Lettre de Le Bret, du 7 juillet.

On priait aussi le maréchal d'apostiller des requêtes de divers genres, comme une demande de décharge de capitation en faveur des cinq enfants orphelins du lieutenant général des soumissions au siège de Draguignan. Toutes les causes qui lui sont déférées ne sont pas également dignes d'intérêt. En 1718, le marquis de Vibraye se plaignait de ce que la communauté de Grignan était extrêmement surchargée dans sa taxe. « Je suis persuadé, écrivit Villars à Lebret, que vous êtes comme moi disposé à donner des marques de votre considération à tout ce qui appartient à feu M. de Grignan. Aussi je vous prie de voir ce que l'on peut faire pour que cette communauté ne soit pas plus maltraitée que les autres. » Elle avait été déchargée de certaines impositions en considération des services que Grignan avait rendus pendant la guerre. Celle-ci étant terminée, l'arrêt qui prononçait cette exemption, n'était plus valable, de l'avis de Lebret, et la communauté de Grignan rentrait dans le droit commun. Villars adopta l'avis de l'intendant, en lui écrivant : « Vous avez suivi pour cette année comme les précédentes la règle de l'affouagement. Il n'y rien à dire et je ne sais comment M. de Vibraye va chercher l'arrêt de 1656, et peu espérer que ces communautés soient mieux traitées que du vivant de M. son beau-père, qui sans doute n'a pas manqué d'attention pour les faire modérer [1] ».

1. Lettres des 29 mars 1715, 23 janvier et 17 février 1718.

Le maréchal accueillit moins favorablement encore une plainte d'un autre gentilhomme. « M. de Villeneuve de Bargemont, écrit-il le 31 mars 1727, se plaint à moi de ce que je me suis opposé à ce que sa terre soit érigée en marquisat. Je lui mande que je n'ai jamais ouï parler ni de lui, ni de sa terre, qu'il est bien vrai qu'on dit à la cour qu'en Provence, il ne faut qu'un fief de vingt-cinq écus de rente pour faire un marquis, puisqu'il y en a plusieurs exemples; mais comme cela ne me regarde point, vous croyez bien que je ne m'en mêle guère. »

Quelquefois, il se désintéressait entièrement des questions qui lui étaient soumises. Cay, bourgeois de Marseille, prétendait expliquer les prophéties de Nostradamus ; on racontait qu'il avait fait l'horoscope du roi Louis XV, dans un volume relié en maroquin du Levant et renfermé en présence de témoins, dans une boîte de fer blanc, et qu'à Paris, Mme de Ventadour disait au roi, en le voyant : « Sire, voici le prophète. » Cay était en difficultés à Marseille avec un de ses voisins pour des pierres qui devaient être employées dans une construction. Villars ne voulut pas intervenir. « Je crois, écrivait-il à Le Bret, les échevins de Marseille assez maîtres de la police pour décider sur toutes les entreprises mutuelles des habitants. » Plus tard, il refusa de recevoir Cay. « Comme l'on n'est pas prophète en son pays, dit-il en 1724, je ne suis pas surpris que le sieur Cay n'ait pas fait autant de bruit à Marseille qu'à Versailles; il a demandé à m'entretenir ; mais comme je ne suis curieux d'aucune prophétie, je l'ai remercié. » Villars n'avait aucune confiance dans ses prédictions « sur lesquelles, écrivait-il, il faut, ainsi que sur toutes les autres, dire comme l'almanach : Le temps nous l'apprendra[1]. »

1. Lettres des 29 avril 1720, 12 juillet 1724 et 3 février 1725.

CHAPITRE XX

La juridiction du point d'honneur.

En sa double qualité de maréchal de France et de gouverneur, Villars avait à s'occuper particulièrement de la maréchaussée et de la connétablie. En 1720, il prit part à la réorganisation de la maréchaussée, qui eut lieu dans toute la France. On lui envoya un mémoire sur l'état de ce corps dans sa province, et il intervint dans la nomination des officiers [1]. Il prit une part plus active aux affaires de la connétablie qui dépendaient directement de la juridiction des maréchaux. Le titre de connétable n'avait-il pas été son rêve après la paix de Bade? S'il n'avait pu l'obtenir, il en avait joué le rôle et revêtu le costume au sacre de Louis XV. Lorsqu'il devint le doyen des maréchaux, il se plaisait en cette qualité à se faire suivre de tous les gardes de la connétablie, soit dans les rues de Paris, soit au Parlement, « dans le

---

1. Édit de mars 1720. — Lettres des 17 mars, 13 et 24 avril 1720.

goût à peu près, dit un contemporain, de César entrant au sénat avec ses licteurs[1] ».

Dans le sage dessein de prévenir les duels et de les rendre impossibles, Louis XIV avait ordonné aux maréchaux et aux gouverneurs de province « de s'employer eux-mêmes incessamment à terminer tous les différends qui pourraient s'élever entre ses sujets. » En conséquence, il leur avait donné pouvoir de commettre, dans chaque bailliage ou sénéchaussée, un ou plusieurs gentilshommes, pour « recevoir les avis des différends » qui surviendraient, faire venir par devant eux, en l'absence des gouverneurs et lieutenants généraux, tous ceux qui auraient quelques différends, pour les accorder ou les renvoyer par devant les maréchaux, dans le cas où ils ne se soumettraient pas à leurs jugements [2]. Ils avaient droit, même en cas d'urgence, de les faire arrêter ou surveiller afin de prévenir les suites de leur querelle. C'était l'institution des lieutenants des maréchaux et de la haute et délicate juridiction du point d'honneur qui leur était confiée en premier ressort.

Cette juridiction était nécessairement quelque peu arbitraire. Cependant elle avait sa jurisprudence et ses limites. Étendue à tous ses sujets par Louis XIV, elle fut bientôt restreinte aux seuls gentilshommes.

1. Avocat Barbier, *Mémoires*, éd. Charpentier, t. II, p. 396.
2. Édit d'août 1679, renouvelé en février 1723. *Anciennes lois françaises*, t. XIX, p. 209, t. XXI, p. 213.

Elle ne s'appliquait pas aux magistrats. « L'usage du tribunal, écrit Villars à ce sujet, est de ne se mêler d'aucune affaire dont la justice ordinaire est saisie, comme aussi la justice ordinaire n'entre point dans celle dont les officiers des maréchaux de France ont pris connaissance. Du reste, nous avons grande attention, lorsque les affaires regardent quelque conseiller ou quelqu'un dans la magistrature de ne point nous en mêler [1]. » Dans d'autres circonstances, Villars lui-même ne savait pas quels étaient les droits de ses lieutenants. Un gentilhomme ayant été envoyé à la citadelle d'Antibes, l'intendant émettait des doutes sur la légalité de son arrestation. « Nos lieutenants, dit le maréchal à Le Bret, peuvent bien mettre des gardes à des gentilshommes pour empêcher les voies de fait; mais en vérité, je vous avoue mon ignorance. Ne le publiez pas. Je ne sais s'ils ont pouvoir d'envoyer en prison... Je ferai expliquer tout cela au premier tribunal qui aura lieu jeudi. En attendant, n'allez pas publier mon ignorance. Vous voyez que je vous la conte en ami. »

Quelques jours après, le maréchal, mieux informé, faisait connaître l'opinion du tribunal. « Les lieutenants des maréchaux, disait-il, ont le droit d'envoyer en prison les gentilshommes, quand ils le trou-

1. Lettre du 31 décembre 1726. Sur les fonctions des lieutenants des maréchaux, voir *La salle des ancêtres*, par le marquis de Belleval, p. 357 à 383.

vent juste et nécessaire, dans les places et autres lieux, hors les citadelles où les commandants ne reçoivent des prisonniers que par une lettre de cachet [1]. »

En 1715, Villars, informé de démêlés entre MM. de Coriolis et de Valavoine, exprimait sa surprise de ce qu'il n'y eut pas de subdélégués des maréchaux de France en Provence « pour empêcher toutes voies de fait [2]. » Il suscita en conséquence la nomination de plusieurs lieutenants des maréchaux ; en 1727, il crut qu'il convenait d'en établir trois nouveaux. « J'ai été bien aise, dit-il, en désignant ces titulaires de faire plaisir à MM. d'Estoublon, de Mizon et de Salignac, qui tous trois m'ont marqué beaucoup d'amitié et d'envie de chercher des occasions de me faire connaître leur attachement. Je n'ai pas cru que l'on dut mettre un lieutenant dans la ville d'Aix, ajoutait-il en s'adressant à Le Bret, ni aux environs de la dite ville, parce que vous y faites votre séjour et qu'il ne peut y avoir que vous qui réformiez plus promptement que personne par les trois autorités que vous avez dans toute la province [3]. »

Les lieutenants abusaient parfois de leur pouvoir.

1. Lettres des 4 et 10 décembre 1724.
2. Lettre du 28 juin 1715. — La qualité de subdélégué est quelquefois employée sans avoir d'autre signification que celle de lieutenant, les deux étant la même. (Lettre de Villars du 8 novembre 1730.)
3. Lettre du 7 février 1727. Les patentes pour les charges des trois lieutenants sont envoyées le 4 mars. D'Estoublon a dans son attri-

Une querelle avait éclaté en 1727 dans un souper entre un garde du roi et M. de Verdache. Le marquis de Sabran Baudinar, lieutenant des maréchaux, laissa échapper l'offenseur et fit « tenir pendant quelques mois un garde auprès de l'offensé. » Villars en fut informé, et témoigna vivement son mécontentement à Sabran. « L'usage du tribunal est, lorsque les lieutenants ordonnent des frais contre justice, de les faire retomber sur eux. Cela aurait été ordonné tout d'une voix, si je n'avais représenté avec force qu'un homme de votre naissance, et qui a été à la tête de la province pendant beaucoup d'années, devait être entendu. L'ordre de retirer incessamment le garde vous est envoyé[1]. »

Fréquemment Le Bret entretient Villars de querelles qui sont du ressort de la connétablie. En 1724, il est question d'une affaire très fâcheuse entre deux gentilshommes. « Pour les soufflets que donnent les dames, écrit le maréchal consulté par l'intendant, cela ne tire pas à grande conséquence; il n'en est pas de même des coups de la part des hommes, puisque la punition n'est pas moindre que de quinze ans de prison, et vous voyez que cela est bien sérieux. M. de Sabran en instruira M. le maréchal de Villeroy, sur

bution la sénéchaussée d'Arles, la principauté de Martigues et le marquisat de Baux; Salignac, les vigueries de Sisteron, de Forcalquier et de Brignoles; le marquis de Mizon, Marseille.

1. Lettre du 7 février 1727. Sabran avait été procureur du pays.

quoi il recevra les ordres du tribunal, lequel s'attache très sévèrement à l'exécution du dernier édit. » En 1726, il s'agit encore d'un soufflet. « Celui qui l'a donné, dit Villars, doit être envoyé au fort carré d'Antibes [1] ».

La principale préoccupation de ceux qui étaient les interprètes et les agents de la volonté du roi était surtout de prévenir les actes de violence. Aussi Villars approuve-il les précautions prises par Le Bret « pour éviter une affaire entre MM. de Valbonnette et de Fontaine. « Les plus grandes sévérités, dit-il, sont marques d'amitié en pareilles occasions [2] ».

Une autre fois, c'est le comte de Forbin qui a « une espèce de démêlé » avec le marquis de Foresta. Le premier a chassé dans l'enceinte de la bastide du second; des « rapports de domestiques » ont envenimé la querelle. « Je vous prie, écrit Villars à Le Bret, de vouloir bien entrer en connaissance de leurs discussions. Il est digne de vous de chercher à concilier des gentilshommes voisins… entre lesquels il y a lieu de craindre des vivacités et des suites [3]. » L'archevêque d'Aix intervint de son côté, et réussit à « rapatrier » les deux voisins.

Villars félicitait, dans une autre occasion, l'intendant de sa fermeté. « Je vois, lui écrivait-il le 16 août

1. Lettres des 12 novembre 1724 et 16 septembre 1726.
2. Lettre du 14 octobre 1725.
3. Lettre du 9 janvier 1724.

1726, que malgré votre flegme et votre patience, la vivacité provençale vous oblige souvent à des ordres sévères, et M. le chevalier de la Garde en mérite bien un et d'aller se promener jusqu'à la grosse tour de Toulon, pour sa violence à l'égard de Mme la baronne de la Garde et pour sa conduite à l'égard de M. du Pont (commandant de Toulon), qui a été très peu respectueuse ». Une autre fois, il approuve Le Bret d'avoir fait mettre en prison des jeunes gens qui ont insulté Mme de Niozelles. « Rien ne mérite, dit-il, une plus sévère punition [1]. »

Les querelles présentaient parfois des particularités assez curieuses. « Un ci-devant capitaine » nommé Amieil avait excédé une bohémienne de coups de bâton devant la porte du sieur de Bernardi, parce que cette femme s'était opposée la veille à ses entreprises contre une autre bohémienne. Toutes deux étaient reçues dans une ferme de Bernardi, « pour trois jours, suivant l'usage. » Bernardi voulut faire quelques remontrances au sieur Amieil. Celui-ci en fut piqué ; depuis ce moment, il affecta de passer devant lui sans le saluer, quoiqu'il fut son vassal ; il traita à plusieurs reprises de gueuse la dame de Courbeton, fille de Bernardi, et ne trouva rien de plus ingénieux que de sonner jour et nuit du cornet à vaches autour de son château. Le Bret écrivit au sieur de Guys d'en-

---

1. Lettre du 8 décembre 1724.

voyer un de ses gardes « pour voir ce que c'est que tout cela. » Il en informait en même temps Villars, qui l'approuva et s'en remit à lui pour la punition que méritait Amieil [1].

A chaque instant, la vivacité provençale suscite des querelles, que l'intendant signale au gouverneur. Tantôt, c'est M. de Suffren qui conteste un territoire de chasse au commandant de Saint-Tropez [2]; tantôt, un gentilhomme qui se dispute avec un major [3]; ici, l'aumônier et le major du château d'If, qui ne peuvent s'entendre; là un officier qui a maltraité le domestique d'un gentilhomme; un autre qui a été frappé par le fils du subdélégué d'Hyères; un autre, qui a insulté les officiers du siège de la sénéchaussée de Forcalquier. En pareil cas, l'intendant et le gouverneur cherchaient à accommoder les différends plutôt qu'à sévir.

Mais si la querelle avait lieu entre un noble et un roturier, c'était d'ordinaire sur ce dernier que les rigueurs de l'autorité s'exerçaient. Un bourgeois d'Aubagne avait injurié un conseiller au parlement d'Aix; Villars est d'avis de mettre le bourgeois en prison pendant quinze jours dans quelque place, « à moins que par ses soumissions, il ne trouve moyen d'apaiser » le conseiller. Un apothicaire d'Arles a « une affaire »

1. Lettre du 13 septembre 1717.
2. Lettre du 4 septembre 1728.
3. Lettres des 19 mars et 21 mai 1720.

avec le sieur de Meyran du Baye. Le Bret envoie l'apothicaire au château de Tarascon. « Le sieur de Meyran, écrit le maréchal à Le Bret, méritait cette satisfaction, et vous êtes le maître de faire sortir cet apothicaire de prison lorsque vous le jugerez convenable[1]. » Un avocat de Grasse se prend de querelle avec un gentilhomme; c'est l'avocat qu'on enferme à la citadelle d'Antibes[2].

Entre roturiers, les voies de fait avaient moins d'importance. Le Bret avait pris soin d'informer Villars qu'un soufflet avait été échangé entre un docteur en droit et le fils d'un boulanger. Ce dernier était garde du roi;. étant entré chez un limonadier, il avait voulu arracher un papier des mains du docteur, et comme celui-ci résistait, il l'avait soufflété. Le Bret envoya le garde à la tour de Bouc, où il comptait le laisser jusqu'à ce que son père, qui était un boulanger très entendu et dont on s'était servi dans les temps de disette, eut trouvé moyen d'apaiser le docteur. « Si c'étaient des gentilshommes, écrit Villars à l'intendant, le donneur de soufflets en serait pour quinze ans de prison. Votre sévérité, votre indulgence agiront comme vous le trouverez à propos[3]. » Dans d'autres circonstances, la sévérité l'emporte, notamment à l'égard d'un habitant de Salon, qui a mal-

1. Lettres des 17 avril et 3 juin 1717.
2. Lettre du 28 février 1725. Villars approuve.
3. Lettre du 7 septembre 1721.

traité un huissier chargé de faire une saisie. « Il mérite assurément une sévère punition, » dit Villars [1]. Une autre fois, celui-ci est d'avis de menacer de la grosse tour de Toulon un habitant de Martigues dont se plaint le curé. « Il n'y aurait pas grand mal, » écrit-il, en parlant d'emprisonner l'habitant. Il approuve aussi Le Bret d'avoir puni trois bourgeois qui avaient osé insulter le premier consul de Brignoles. « Vous savez que les punitions sont souvent nécessaires, lui disait-il, dans le pays où vous commandez, pour contenir la vivacité des esprits [2]. »

Le pouvoir discrétionnaire donné au gouverneur et à l'intendant pouvait, comme on le voit, dégénérer en arbitraire. Dans certaines circonstances, ils s'en remettaient à la justice ou agissaient de concert avec elle. La famille d'une demoiselle, qui s'était laissée séduire, s'avisa de demander qu'elle fût ramenée à sa mère par un détachement de la garnison de Sisteron. Villars fut d'avis de laisser agir la justice ordinaire. Ailleurs, au milieu d'une fête de village, des gens s'étaient pris de querelle, « à propos de la danse » ; des coups de poings s'étaient échangés, et l'on avait raconté qu'à la suite de cette bagarre, « les

1. Lettre du 2 février 1716.
2. Lettre du 27 août 1724. La même année, Le Bret informe Villars qu'il a envoyé en prison quatre jeunes gens, coupables d'avoir insulté le consul de Barjols, qui voulait les empêcher de faire un charivari et d'empester la localité en brûlant des savates et autres choses de mauvaise odeur dans les rues. (Lettre du 10 novembre.)

habitants de Grillon, dans le Comtat, s'attroupaient contre ceux de Grignan et qu'il en résultait beaucoup de désordres ». L'intendant écrivit à l'archevêque d'Avignon de contenir les habitants de Grillon, tandis qu'il donnait l'ordre au juge de Grignan d'informer de ce qui s'était passé. Villars, qui s'était ému de l'incident, eut bientôt à féliciter l'intendant de son prompt apaisement [1].

Une des meilleures et des plus nobles prérogatives du pouvoir consiste à faire régner la paix parmi les administrés et à les protéger contre les oppressions locales. Quatre frères, nommés Jacques, faisaient, en 1727, trembler toute la vallée de Barcelonnette; d'après l'ancien commandant de la vallée, Le Guerchois, lieutenant général des armées du roi, ils étaient maîtres des délibérations, « pour faire des présents à qui bon leur semblait »; l'un d'eux avait même assassiné un de ses frères et n'était pas poursuivi. Villars s'en émut et signala ces faits à l'intendant, en disant : « Ce que l'expérience me fait voir tous les jours, c'est que le faible a très rarement raison contre le fort et que les cabales sont très dangereuses [2]. »

Le maréchal tenait à être informé des petits désordres et des petits scandales qui se produisaient dans sa province. Un jeune Marseillais, nommé Rouvière,

1. Lettres des 27 juin, 20 novembre et 9 décembre 1717.
2. Lettre du 1er avril 1727.

« avait sifflé et tenu de fort mauvais discours à la comédie. » Il avait ordonné à un acteur de se taire, en le menaçant de coups de bâton. Des dames de qualité furent effrayées de ses emportements. Le Bret le fit arrêter par un garde du maréchal, et retenir dans les prisons de la ville, l'incriminant de s'entendre avec plusieurs jeunes gens de condition et plusieurs gardes de l'étendard pour monter une cabale contre quelques comédiens protégés par le maréchal de Tessé. Villars approuva hautement Le Bret. « Cet exemple, lui écrivit-il, ne peut être que très utile pour contenir ceux qui voudraient faire de pareils désordres, et vous pouvez retenir ce jeune homme en prison aussi longtemps que vous le jugerez à propos [1]. »

En 1727, il s'émeut davantage de désordres plus graves dont la rumeur était venue jusqu'à lui. « Le bruit se répand plus à la cour qu'à Paris, écrivait-il à Le Bret, d'une aventure surprenante dans laquelle sont nommés M. de Simiane, le fils de M. d'Argens, Chateuil, Le Blanc, Volone : des désordres dans le Cours, armes enlevées sur les portes des maisons, arbres coupés, et même finit cette scène par pendre un homme. J'ai dit que cela n'était pas possible, puisque vous ne m'en avez pas mandé un mot. » Le Bret s'empressa de rassurer Villars : des jeunes gens avaient, il est vrai, cassé des vitres chez un limonadier et

---

1. Lettre du 28 septembre 1717.

dans les maisons voisines; ils avaient endommagé des arbres du cours; mais tout le dommage avait été remboursé, et si l'on avait trouvé quelques jours auparavant un pendu, la fin funeste de ce pendu n'avait aucun rapport avec les désordres sans gravité qui avaient eu lieu [1].

Une autre fois, l'intendant était plus disposé à faire justice. Un « bon officier, qui avait trop dîné », voulut caresser la fille d'une bourgeoise et donna un coup de canne dans sa boutique; mais il n'osa pas le faire condamner à quinze jours d'arrêt sans en référer à Villars. Celui-ci infligea deux mois de prison dans la grosse tour de Toulon à un capitaine de quartier qui avait commis des violences [2].

La curiosité du gouverneur s'étendait même sur des sujets qui n'avaient aucun rapport avec la juridiction proprement dite du point d'honneur. « Je vois, écrit-il à Le Bret, que la demoiselle Catalan, que vous dites être belle et bien faite, n'a pas trouvé la protection qui est si ordinaire en France pour les promesses de mariage. Je ne sais rien de cette aventure que ce que vous me faites l'honneur de m'écrire. » Il voudrait peut-être en savoir davantage; car les aventures un peu scandaleuses ne l'effarouchent guère, et sa verve, un peu lourde, s'éveille au récit des infor-

1. Lettre du 17 mars 1727.
2. Lettre de Le Bret, du 20 novembre 1717; — de Villars, du 23 octobre 1717.

tunes des maris trompés, qu'il désigne sous le nom usité par Molière. A Aix, en 1720, l'un d'eux avait très ingénument avoué qu'il l'était bien et dûment. « Je vous prie, dit Villars, de me mander ce que vous pensez sur tout cela... Je vous dirai comme à la comédie : — Mais de grâce, mon maître, est-ce qu'à Aix on saute ainsi par la fenêtre. — Messieurs du parlement devraient mettre ordre à tout cela. » Une autre fois, il s'agissait de perquisitions dans la même ville pour découvrir un mari trompé de plus. « Comme vous dites fort bien, écrit Villars à l'intendant, ce qu'on apprend par lettres anonymes ne mérite pas grande attention, vu le grand nombre de pareils malheurs, plus communs encore dans les grandes villes et dans les cours supérieures que partout ailleurs; on doit être armé de plus de courage sur des aventures aussi familières [1]. »

1. Lettres des 27 avril 1727, 5 juillet et 25 août 1728.

XXI

Les prisonniers par mesure administrative.

Par les arrestations et les emprisonnements arbitaires qu'elle ordonne, l'autorité veut prévenir le mal, éviter le scandale. Elle ne voit pas les abus et les injustices que ses procédés peuvent faire naître ; elle croit agir dans l'intérêt de l'ordre et de la morale. Incarcérer un provocateur pour empêcher un duel, c'est pour elle préserver un homme d'un crime qui est en même temps un péché ; elle témoigne ainsi de la sollicitude qu'elle a pour son corps non moins que pour son âme. Elle est aussi prête à sévir contre les jeunes gens que veut faire enfermer leur famille ; elle protège ainsi l'autorité des parents. Mais si les arrestations sont arbitraires, elles n'ont pas lieu sans formalités ; fréquemment l'intendant en réfère au gouverneur, qui lui demande des renseignements ou donne son avis. Ainsi, Villars désire savoir pourquoi une veuve de Martigues veut faire enfermer un fils débauché et quelque peu faussaire ; il approuve Le Bret d'avoir fait mettre au fort Saint-Jean de Marseille le fils du prophète Cay[1].

Les fils de famille, incarcérés à la requête des parents, devaient être nourris par eux. Le fils d'un sieur Portail avait été envoyé à la tour de Bouc. « Il est très juste, disait Villars à ce sujet, que l'on accorde protection à de pauvres pères qui sont chagrinés par leurs enfants; mais il me semble que la satisfaction qu'on leur donne ne doit pas être à la charge du roi[2]. »

Quelquefois les parents se refusaient à donner des aliments suffisants. Sabran, détenu au fort carré d'Antibes pour une contravention à un édit, avait écrit pour se plaindre de la dureté de sa mère. Elle avait plus de 62,000 l. de biens et ne voulait lui donner que 35 l. par mois. « Vous êtes bon et sage, écrivit à cette occasion Villars à Le Bret, et donnerez bien tous les ordres que vous estimerez convenables pour empêcher une oppression si déraisonnable. » Le Bret s'empressa d'agir dans le sens des désirs du maréchal, qui l'en félicite en ces termes : « Il fallait une main aussi ferme que la vôtre pour obliger une aussi dure et méchante mère de rendre justice à son fils, auquel nous devons protection après

---

1. Lettres des 8 novembre 1730 et 3 février 1725. « Je ne serai pas étonné, écrit Villars le 3 avril 1725, qu'un prophète dissipe les biens de sa famille. »

2. Lettre du 29 mars 1728.

des punitions aussi sévères que celles auxquelles par l'édit du roi nous l'avons condamné. J'informerai M^{rs} vos confrères de votre conduite en cette occasion[1]. »

Quelquefois, c'étaient les enfants qui devaient payer pour les parents incarcérés. Un sieur de Montjustin avait été enfermé au château d'Entrevaux comme dissipateur, sur la demande de son fils. Il était âgé ; sa pension n'était pas payée régulièrement, et le major d'Entrevaux, pris de pitié pour son sort, lui avait permis « de s'absenter sur sa parole, pour finir ses affaires ». Villars fut mécontent de la conduite du major, que l'intendant excusa facilement. Lorsque Montjustin mourut, il laissa des dettes qu'il avait contractées dans sa prison. Son fils, le sieur des Crottes, en fut déclaré responsable, et menacé lui-même de prison, s'il ne les acquittait pas « incessamment[2] ».

La durée de la détention des prisonniers enfermés par lettres de cachet était arbitraire comme l'arrestaiton. Il y en avait qu'on oubliait complètement dans leur prison. En 1715, le château d'If contenait quatre prisonniers, dont la cause de la détention était inconnue. Le gouverneur de Pilles croyait même inutile de s'en informer auprès d'eux, parce qu'on ne pouvait faire aucun fondement sur leurs discours. Au fort de Notre-Dame de la Garde, deux frères avaient

---

1. Lettres des 5 et 16 mars 1727.
2. Lettres des 25 septembre 1715, 26 mai et 23 juin 1718.

été enfermés, sur l'ordre de Grignan, pour avoir donné des coups de bâton à un de leurs cousins. A la mort de Grignan, l'un des deux frères fut relâché; mais il fut bientôt « averti de se remettre » dans le fort; il en ressortit pour aller se jeter aux pieds du duc d'Orléans afin d'obtenir sa libération définitive[1]. Les détenus n'avaient trop souvent d'autre espoir que dans la protection des grands. Humain par caractère, Villars était disposé d'ordinaire à leur accorder la sienne; mais il n'agissait pas sans l'avis de l'intendant. M. de Gardane demandait à sortir de la grosse tour de Toulon où il était enfermé. Le gouverneur écrit à Le Bret, pour savoir « s'il mérite d'être mis en liberté ». Quelques mois après, Gardane est dans « un état pitoyable de santé ». Villars voudrait savoir « quel moyen il y aurait de terminer sa prison ». A la fin de l'été, le malheureux y est toujours et demande à être jugé. « Lorsqu'un prisonnier demande à être jugé, écrit Villars, je suis toujours porté à croire que sa demande doit être accordée[2]. » Le maréchal avait parfaitement raison; mais il est surprenant de voir combien il subordonne son avis à celui de l'intendant et comme il insinue avec une sorte de timidité son opinion alors qu'il pourrait parler haut et ferme.

1. État des prisonniers détenus tant dans les places que dans les prisons royales de Provence, Bib. Nat., fr., 8905.
2. Lettres des 27 décembre 1719, 20 février, 17 juillet et 5 août 1720.

Peut-être n'est-il pas bien convaincu du bon droit de ceux qui s'adressent à lui. Un prêtre est incarcéré. « Il ne me semble pas destiné à une prison perpétuelle, écrit Villars à Le Bret. Vous verrez ce que votre justice vous permettra de faire à cet égard. » Un médecin est détenu à Aix. « Je vous prie de faire en sa faveur ce que votre équité ordinaire pourra permettre [1]. » Des recommandations de ce genre n'étaient pas bien pressantes, et l'intendant en prenait sans doute à son aise.

Il est probable que le maréchal serait intervenu plus chaleureusement en faveur d'un gentilhomme, que son père avait fait enfermer en 1730 aux îles Sainte-Marguerite, en vertu d'une lettre de cachet. Ce gentilhomme, Pierre de Félix de la Feratière, s'était épris d'une demoiselle Marie-Anne Laugier, en jouant avec elle la tragédie de Polyeucte dans une bastide voisine de celle de sa famille. « Il ressentit dans son cœur les sentiments de tendresse, dit un subdélégué, dont cette tragédie est remplie, et la demoiselle Laugier s'en laissa aussi infecter (!). » Mais le père de Pierre de Félix ne trouvait pas à celle-ci assez de fortune, et Pierre dut renoncer à la voir. Il n'en devint que plus amoureux, et ne tarda pas à quitter son père. Ce dernier étant dans une sorte de désespoir, l'intendant fit venir le jeune homme, qu'il trouva

---

1. Lettres des 7 août 1724 et 26 avril 1726.

« sourd à toutes sortes de raisons ». Son père, disait Pierre, est fort déraisonnable de refuser son consentement à un mariage pour la seule raison que la jeune fille a peu de bien ; n'avait-il pas lui-même épousé la fille d'un négociant, plus riche, il est vrai, mais qui n'était pas de meilleure famille ?

Après avoir essayé en vain d'obtenir les biens de sa mère, « de Félix rentra dans la maison paternelle ; il eut de l'argent, des habits aussi beaux qu'il les voulut, une chaise à porteur, qui est la voiture ordinaire à Marseille ; mais il fut toujours amoureux, et dès qu'il eut atteint sa trentième année, il fit des sommations respectueuses. »

« La demoiselle Laugier, continue Le Bret, dont les beaux yeux font tout ce désordre, est non seulement vertueuse, mais M. l'évêque de Marseille atteste qu'elle a de la piété... Son grand-père était ingénieur à Brest avec des appointements considérables ; mais sa famille n'a que cette malheureuse bastide où Polyeucte fait naître de si fortes passions, et cette bastide, qui ne vaut que 20,000 l., est chargée d'une pension de 400 l. pour le père de cette fille qui était ingénieur, mais qu'une affaire d'honneur, pour laquelle il a eu cependant des lettres de grâce, a dérouté[1]. Le sieur de Félix est assez réglé dans ses mœurs ; il est né avec du goût pour les belles-lettres,

---

1. Il avait reçu un soufflet d'un officier et l'avait tué.

et il aurait pu devenir capable de quelque charge considérable que les biens de sa femme réunis sur sa tête l'auraient permis d'acheter. »

C'était donc pour le forcer à faire un mariage plus avantageux qu'on avait fait enfermé ce jeune homme de trente ans, irréprochable dans ses mœurs, dont le seul crime était de vouloir épouser une fille vertueuse, appartenant à une famille honorable, mais peu fortunée, et Le Bret ne craignait pas d'émettre l'avis qu'il fallait « le retenir encore pour le faire entrer dans les vues de son père ».

Cependant tout plaidait en sa faveur. Dans le mémoire que le jeune prisonnier avait écrit au cardinal de Fleury, il énumérait les alliances honorables de la famille de Mlle Laugier; il faisait valoir sa réputation irréprochable; il déclarait que, tant qu'elle vivrait, il n'accepterait pas d'autre mariage. Deux prêtres, de leur côté, attestaient que de Félix était « doué d'un très beau naturel », qu'il était « respectueux, soumis, pacifique, libre de toutes passions comme le jeu et la débauche... en un mot, irréprochable dans ses mœurs ». Ses codétenus eux-mêmes s'intéressaient à son sort. « Nous sommes ici, écrit l'un d'eux, l'ancien maître des requêtes de Talhouet, une troupe d'infortunés qui ne cherchons qu'à adoucir ses peines et ses chagrins et à le confirmer dans ses sentiments généreux[1]. » Ces sentiments, qui

1. Bibl. nat., fr., 8939.

laissaient insensible le flegmatique Le Bret, émurent sans doute les ministres. Pierre de Félix finit par épouser Marie-Anne Laugier [1]. Leur constance aurait à coup sûr touché Villars, qui aimait les aventures romanesques, et que son admiration pour les beaux vers de Corneille aurait certainement rendu favorable à une passion que la tragédie de Polyeucte avait fait naître [2].

1. Du mariage de Pierre de Félix de Greffet, comte de Villefouchard, seigneur de la Feratière, et de Marie-Anne de Laugier naquit une fille, qui épousa en 1751, Palamède de Forbin Gardane, neveu du célèbre marin, le comte de Forbin. (La Chesnaye des Bois, *Dictionnaire de la Noblesse*.)

2. Il n'est pas interdit de conjecturer que Villars soit intervenu en faveur de Pierre de Félix, d'autant plus qu'à partir de 1730 les papiers de Le Bret renferment à peine quelques lettres de lui et que plus d'une a pu être égarée.

XXII.

L'Académie de Marseille.

Villars aimait les romans, les comédies, l'opéra ; il savait par cœur les plus beaux passages de Corneille et Racine. Comme un homme d'État s'étonnait de ce qu'il citât à tout propos tant de vers de comédies, il lui répondit : « J'en ai joué moins que vous, mais j'en sais davantage ! » « Il employait, disait son fils, tous les moments que lui laissaient ses grandes occupations aux délassements littéraires [1]. » Ce n'étaient pas des titres suffisants pour faire partie de l'Académie française ; mais ses grands services militaires et diplomatiques lui en ouvrirent les portes à deux battants. L'illustre compagnie a toujours cru rehausser son prestige en admettant dans son sein des personnages que leurs titres officiels recommandaient davantage que leurs titres littéraires. Aussi, lorsque

---

1. Voltaire, *Siècle de Louis XIV*. — Lautard, *Histoire de l'Académie de Marseille*, 1826, t. 1, p. 184.

des hommes distingués voulurent établir à Marseille une académie modelée sur celle de Paris, le gouverneur de Provence, qui était académicien, était-il tout désigné pour leur faire obtenir le droit de fonder une société littéraire et pour en être le protecteur.

Les progrès de la centralisation avaient fait prédominer partout l'idée de la suprématie de l'État. Il y avait eu, dès le moyen âge, des sociétés littéraires dans les grandes villes, comme les puys et les palinods du nord de la France, comme la fameuse société des Jeux floraux de Toulouse; mais, depuis Louis XIV, les littérateurs et les artistes, indépendants par la nature de leurs occupations, pensèrent accroître leur situation en se groupant sous le patronage de l'État; la province voulut imiter Paris, et dans la plupart des grands centres, on sollicita des lettres patentes pour la création d'académies, analogues à l'Académie française. C'est ainsi que s'étaient établies celles d'Arles, de Soissons, de Bordeaux, de Nîmes : la ville de Marseille ne pouvait rester en arrière, et dès 1716, il est question d'y créer une société de ce genre. Le Bret en informe, le 28 janvier, Villars dans les termes suivants :

« Rigord, subdélégué de Marseille, écrit que quelques personnes, qui, comme lui, aiment les sciences et les arts, ont en vue de vous demander l'honneur de votre protection pour une académie qu'ils voudraient fonder à Marseille sous vos auspices. Ce projet ne me paraît pas encore suffisamment digéré ; mais comme leurs idées peuvent être rectifiées, je lui ai répondu à la question, qu'il m'a faite pour savoir s'ils pouvaient prendre la liberté de vous écrire, que je croyais que vous recevriez leur lettre avec bonté, et que si l'on se réduisait à l'histoire naturelle, parce qu'on avait des facilités à Marseille par le commerce de la mer, aux mécaniques qui peuvent être utiles au commerce, et aux matières qui regardent l'antiquité et la critique, parce qu'elles sont amusantes, on pourrait former un autre projet que vous aurez apparemment la bonté d'examiner, lorsque vous serez sur les lieux [1]. »

Il n'est pas surprenant que le projet d'une société littéraire n'ait pas immédiatement abouti, recommandé comme il l'était par un administrateur, qui ne voyait que le côté amusant de l'antiquité et de la critique[2]. Pour me servir de son style, le projet fut digéré pendant dix ans avant d'être réalisé.

La peste de Provence, qui le croirait, contribua à la création de l'Académie de Marseille. « De paisibles amis des muses », dit l'historien de cette académie, « s'étant réfugiés dans les campagnes, se réunirent chez plusieurs d'entre eux pour se raconter les maux qui les affligeaient. » Leurs assemblées, où l'on s'en-

1. Bibl. nat., n. f. fr., 3511.
2. Le Bret avait cependant formé une très remarquable collection de médailles qui fut dispersée après sa mort ; mais ce grave magistrat ne considérait sans doute la numismatique et l'érudition que comme des distractions à des travaux plus sérieux.

tretint de questions littéraires, se tinrent bientôt régulièrement; elles persistèrent à leur retour à Marseille, et ceux qui en faisaient partie résolurent, vers la fin de 1725, de se constituer en société et de se donner un règlement.

Parmi eux se trouvaient l'abbé de Porrade et Chalamond de la Visclède, surnommé le « Fontenelle de la Provence », dont les œuvres avaient été plusieurs fois couronnées par l'Académie française. Tous deux se trouvaient à Paris au commencement de l'année 1726; ils avaient accès auprès du maréchal de Villars; ils n'eurent pas de peine à obtenir son appui en faveur de leur académie naissante; et, d'accord avec lui, ils lui firent écrire par leurs confrères une lettre dans laquelle ils le priaient d'intervenir auprès du roi, afin de leur faire accorder des lettres patentes et une salle pour tenir leurs assemblées[1].

Leurs vœux allaient s'accomplir, lorsque des obstacles imprévus surgirent. Villars les fit connaître ainsi qu'il suit à Le Bret:

« M. de Fréjus vient de me dire, au sujet d'une académie des belles-lettres qui veut se former à Marseille, que M. l'évêque de Marseille avait mandé que presque tous ceux qui la doivent composer sont jansénistes. Vous croyez bien, Monsieur, que, si cela est, nous l'excommunierons; car vous aurez peut-être

1. Laufard, t. I, p. 8 à 14.

ouï dire par hasard que les jansénistes ne sont pas bien à la cour. M. de Saint-Florentin a ordre de vous écrire à ce sujet[1]. »

Il fallait rassurer le vénérable Belzunce contre les dangers qu'aurait pu faire courir à la religion une académie de jansénistes. Villars engagea La Visclède à protester des doctrines orthodoxes de ses confrères[2]; lui-même se porta garant de leurs sentiments.

« J'ai cru devoir écrire à M. l'évêque de Marseille, dit-il à Le Bret dans une lettre du 15 avril, au sujet de quelques représentations qui sont arrivées sur le dessein très louable de beaucoup de gens de mérite qui veulent rétablir dans la ville de Marseille une académie de belles-lettres. On a fait entendre que ce serait une assemblée de jansénistes. J'ai fait mes preuves de bon moliniste, témoin ma querelle violente avec un Père de l'Oratoire, où vous fûtes présent aussi bien que MM. d'Argens et de Vergons, et où je pris les intérêts du pape avec tout l'intérêt que doit inspirer un parti si glorieux. Je déclare donc que ces messieurs, qui ont bien voulu que je fusse du nombre, ont bien intention que cette assemblée ne soit composée que de bons catholiques, apostoliques, et, si vous voulez, molinistes. J'ai même prié M. l'évêque de Marseille de m'avertir s'il croyait qu'il y eût quel-

1. La lettre de La Visclède, du 8 mars, a été reproduite par Lautard. (T. I, p. 15 à 18.)
2. Lettre du 10 avril 1726.

qu'un qui ne fût pas dans la bonne et saine doctrine. »

La lettre de Villars ne produisit pas un effet immédiat. Les académiciens se plaignaient le 8 mai de ce qu'on faisait valoir contre eux les plus vains prétextes qu'on pût imaginer. En choisissant le maréchal pour protecteur, n'avaient-il pas répondu d'avance à toutes les difficultés qu'on pouvait leur opposer? « Le héros de la France, ajoutaient-ils, la terreur de ses ennemis, n'aurait pas voulu défendre une institution indigne de lui, et les descendants des Phocéens auraient rougi d'en avoir conçu le projet[1]. »

Le « héros de la France » fut touché des termes de cette lettre. Il prit plus chaleureusement en main les intérêts de l'académie. Déjà, le 29 avril, il annonçait que « M. de Fréjus avait donné quelques petits mémoires sur ceux qui devaient la composer ». Il s'empressa de plaider en leur faveur et de faire lever les derniers obstacles. Le 24 mai, il écrivait à Le Bret : « Je crois que M. de Saint-Florentin attend quelque détail de vous pour finir tout ceci. M. l'évêque de Marseille en sera (de l'Académie) comme de raison, moyennant quoi on ne pourra plus accuser cette académie d'être une école de jansénistes. »

Dans la même lettre, il disait : « J'ai mandé à M. Rigord qu'il fallait bien qu'il fût de l'Académie. »

---

1. Lautard, 1, 29.

Rigord, en effet, après avoir été l'un des premiers promoteurs de l'Académie, était sans doute de ceux qui suscitaient des obstacles à sa reconnaissance officielle. Le respectable subdélégué de Marseille, après s'être destiné à l'état ecclésiastique, était entré dans l'administration de la marine. C'était un savant humaniste, un antiquaire distingué, un bibliophile érudit; mais il reprochait à l'Académie nouvelle d'être composée d'un trop grand nombre de jeunes gens; il aurait voulu qu'on y entremêlât des « gens faits », particulièrement des savants, des religieux, surtout des jésuites, avec lesquels il était en bonnes relations et à qui il laissa après sa mort une immense collection d'écrits renfermés dans cent cinquante portefeuilles. Or l'article XIX du règlement défendait de recevoir à l'Académie « toutes personnes de communauté séculière ou régulière ». Rigord exposa ses principes au maréchal dans une longue lettre; mais il « obéit à son ordre » en consentant à faire partie de l'Académie [1], où l'évêque voulut bien accepter un siège.

La signature et l'expédition des lettres patentes n'étaient plus qu'une affaire de temps [2]. Elles eurent lieu au mois d'août [3]. Villars ne se contenta pas d'en

1. Lettre du 25 mai 1726. Lautard, t. I, p. 31 à 37.
2. Villars écrit le 12 juin aux académiciens que l'affaire sera rapportée au premier conseil. (Lautard, t. I, p. 30.)
3. Lettre de Villars, du 24 août. Lautard en a publié le texte. (t. I, p. 41 à 46.)

presser l'expédition ; il intervint pour qu'elle fût le moins onéreuse possible à l'Académie.

« J'écris, dit-il à Le Bret le 14 septembre, à M. de Saint-Florentin pour l'engager à épargner à une compagnie non encore assemblée les dépenses qu'il lui en coûterait, d'autant plus que les gens d'esprit ne sont pas toujours fort riches. Comme je vous priais dans mes premières [lettres] de me renvoyer les patentes, je vous prierais dans celle-ci de me les garder, jusqu'à ce que M. de La Visclède aille les retirer [1]. Il doit faire jeudi prochain un discours à l'Académie française pour qu'elle reconnaisse pour sa fille celle que nous établissons à Marseille. Après quoi, il vous demandera votre protection pour cet enfant nouveau né, qui, dans la suite, remplacera toutes les académies d'Athènes, de Rome et autres célèbres villes. »

Sans doute, il y avait quelque ironie dans l'appréciation du maréchal sur l'avenir de l'Académie, dont il était déclaré le protecteur par les lettres patentes du roi. Il ne l'appuyait pas moins dans les démarches qu'elle faisait auprès de l'Académie française pour obtenir de lui être affiliée. « Vous tenez

1. Villars écrit dans le même sens à Le Bret le 16 septembre : « M. de Saint-Florentin me mande, en réponse à la lettre que je lui ai écrite suivant vos conseils, qu'il a écrit à M. le procureur général pour l'enregistrement des patentes de notre Académie, qu'il aurait dû les lui adresser avec la lettre de cachet qu'il a fait expédier à ce sujet, mais que, pour éviter les longueurs, il suffira que vous les fassiez remettre à mondit sieur le procureur général, et moyennant cela, Monsieur, vous épargnerez une dépense à l'Académie qui n'en a pas besoin ».

aujourd'hui, Messieurs, avait-elle écrit aux quarante, dans la République des lettres, le rang que Rome tenait autrefois dans l'univers. Cette maîtresse du monde honora notre ville du nom de sœur, notre assemblée se tiendra encore plus honorée de celui de votre fille. » Ce titre lui fut accordé, et La Visclède fut chargé d'en remercier l'Académie française. Il s'en acquitta dans la séance du 12 novembre 1726, en prononçant un discours pompeux et fleuri, dans lequel il faisait l'éloge du roi et de la compagnie, sans oublier celui du maréchal. « Je le vois, Messieurs, s'écriait-il, assis au milieu de vous, et il me semble voir renaître ces temps héroïques de l'ancienne Rome, où l'on trouvait dans le même personnage le guerrier, l'homme d'État et le savant, et où les Scipion, les Lucullus, les Césars venaient se délasser, dans le temple des muses, de ces fameux exploits qui ont étonné l'univers. »

Fontenelle, qui répondit à La Visclède, le couvrit de compliments ainsi que Villars. Son discours, quelque peu précieux et vide, débuta de la sorte : « Si l'Académie française avait, par son choix, adopté l'Académie de Marseille pour sa fille, nous ne nous défendrions pas de la gloire qui nous reviendrait de cette adoption ; nous recevrions avec plaisir les louanges que ce choix nous attirerait ; mais nous savons trop nous-mêmes que c'est votre Académie qui a choisi la nôtre pour sa mère ; nous n'avons sur vous que les droits que vous nous donnez volontairement. » Et plus loin, Fontenelle disait : « Votre Académie sera plutôt une sœur de la nôtre qu'une fille. »

Malgré les protestations d'estime, voire même de tendresse [1], que les organes de l'Académie française prodiguèrent à celle de Marseille, les relations entre la mère et la fille ne furent pas toujours aussi cordiales qu'on aurait pu le croire. Les lettres patentes avaient imposé à la fille l'obligation d'envoyer à la mère adoptive, tous les ans « au jour et fête de Saint-Louis, quelque ouvrage de la composition d'un de ses membres, en prose ou en vers, sur tel sujet utile et honnête que bon lui semblerait. » Fontenelle avait dit que cet ouvrage serait reçu comme « un présent », comme « un gage de leur union. » En 1727, l'Académie de Marseille adressa à l'Académie française un discours sur les *Inconvénients de l'imitation*. Ce discours ne fut pas agréé. Le maréchal de Villars fut chargé de le renvoyer à ses auteurs. Grande émotion à Marseille. L'Académie était blessée au vif ; elle allait devenir « la fable du public » et « la risée de ses ennemis. » Elle maintint que son discours était bon, qu'il témoignait de beaucoup

1. Le duc de Villars rendait compte, en 1738, aux académiciens de Marseille des témoignages de tendresse que l'Académie française conservait pour eux. « Cette tendresse, leur disait-il, est le fruit de vos succès qu'elle regarderait peut-être comme l'ouvrage de ses rivaux si elle ne les voyait avec des yeux de mère. »

d'esprit et de savoir, qu'il paraissait avoir « les grâces du genre didactique dans lequel il était écrit » ; « enfin, disait le secrétaire perpétuel La Visclède, si ce discours ne mérite pas d'être lu à l'Académie française, nous ne vous célerons point que nous nous sentons très incapables d'en donner jamais un qui mérite cet honneur. » Villars s'empressa de mettre un peu de baume sur une blessure d'amour-propre aussi vive.

« Votre réputation, répondit-il, m'est beaucoup plus chère que les triomphes que je pourrais remporter moi-même... J'ai trouvé votre discours fort bon, autant que j'en puis juger ; et les formes, qu'on lui reproche, me paraissent bien susceptibles d'être défendues ; ainsi ne vous affligez pas tant de cette affaire ; car en vérité, elle ne vous rend ni moins estimables, ni moins dignes de toute mon affection [1]. »

Mais en même temps, l'abbé Dubos, secrétaire perpétuel de l'Académie française, faisait connaître l'opinion de ses confrères sur le malencontreux discours. « Nous l'avons trouvé plein d'esprit, écrit-il à La Visclède, et semé de traits dont nous avons approuvé la solidité et loué le brillant ; mais il ne nous a point paru que l'ordre naturel des matières y fût assez suivi, ni que l'auteur y fît sentir la vérité des propositions qu'il avance. » L'Académie de Mar-

---

1. Lettre du 2 octobre 1727. Lautard, t. I, p. 83, 84.

seille ne répondit pas; mais elle refusa de corriger les fautes qu'on lui signalait, et n'envoya pas cette fois le tribut annuel que les lettres patentes exigeaient d'elle.

En 1726, à la suite du discours de La Visclède, l'Académie française avait entendu la lecture d'une fable, faite par Taxil, un des membres de la députation de Marseille. Cette fable était intitulée *Le rossignol et le serin*. Le serin s'efforçait d'imiter le rossignol, et à force d'études, il avait fait si bien qu'on trouvait peu de différence entre le rossignol et lui. On comprend facilement l'allusion. Peut-être l'Académie française voulait-elle montrer que la différence était sensible et ne pouvait de sitôt disparaître.

Taxil, dans sa fable, n'avait eu garde d'oublier Villars. Il disait de lui, en parlant à ses confrères :

> Ce qui pour vous est encore plus flatteur,
> C'est d'être aimé de votre protecteur
> Autant qu'il est aimé de la victoire.

Le maréchal, en effet, leur donnait des preuves nombreuses de son attachement. Il leur promettait une somme de 300 livres pour ouvrir un concours de poésie; il intervenait pour aplanir toutes les difficultés qui leur étaient suscitées. Les molinistes n'avaient point cessé leurs attaques, depuis l'entrée de l'évêque de Marseille dans l'Académie; ils accusaient notamment de jansénisme l'abbé de Porrade et l'avocat de Poissonnel, et leurs accusations allaient jusqu'à Paris :

« Je vous dirai, écrit Villars le 31 décembre 1726, que M. le cardinal de Fleury sort de chez moi. Je lui ai parlé encore sur MM. de Porrade et de Poissonnel [1]. Tout dépend de M. l'évêque de Marseille. Il me dit que s'il en était content, il le serait aussi. Quant à M. l'abbé de Porrade, je lui ai dit que comme il n'avait jamais été du nombre des appelants, il ne me paraissait aucune difficulté sur son sujet, et il en est convenu. »

Ces difficultés furent, en effet, levées, et Villars s'empressa d'en féliciter l'abbé de Porrade : « J'ai trop compris, lui écrivait-il, de quelle utilité était pour l'Académie de vous conserver pour ne pas faire tous mes efforts pour cela. Tout était pour vous, excepté un nom célèbre dans un parti qui n'est plus à la mode depuis longtemps. M. le cardinal de Fleury s'est rendu à toutes les justes représentations qui lui ont été faites à ce sujet. Il n'était pas dans l'ordre que les ouvertures de l'Académie pussent commencer avant que cette difficulté eût cessé [2]. »

Une autre difficulté pour les Académiciens de Marseille, c'était une salle pour tenir leurs séances

1. Dans une lettre du 27 décembre 1726, il disait qu'il devait en parler au cardinal.
2. Lettre du 27 avril 1727. Dassy, l'*Académie de Marseille*.

hebdomadaires, une salle pour leurs séances publiques. Le maréchal voulut bien aussi s'entremettre en leur faveur dans cette circonstance.

« Messieurs de l'Académie, dit-il le 27 décembre 1726, s'impatientent fort de ne pas commencer leurs séances. M. de Maurepas m'a dit avoir envoyé l'ordre pour leur faire donner une salle dans le parc. »

M. de Maurepas était ministre de la marine, et le parc dépendait de l'arsenal maritime de Marseille. Mais l'appropriation de la salle ne pouvait avoir lieu immédiatement[1].

« M. de Maurepas, écrivait Villars le 22 février 1727, m'a dit que la dépense regardait uniquement M. d'Asfeld à qui je l'ai proposée et qui la fera dès que les fonds pourront le lui permettre[2]. Il y avait encore une autre difficulté pour la médaille, laquelle j'ai levée en lui faisant remettre 300 francs, argent comptant, par le sieur Capus, en attendant que j'en fasse frapper une. Ainsi, rien ne les empêche d'ouvrir leur première séance, ce qui sera très convenable, dans la maison de ville, et quelquefois chez M. l'évêque de Marseille, jusqu'à ce que la susdite salle soit en l'état convenable. »

La séance eut lieu le 23 avril, à l'hôtel de ville, en présence du maire et des échevins en chaperon. On put y entendre, entre autres lectures, une ode

1. Voir une lettre du 15 janvier 1727.
2. Le marquis d'Asfeld était directeur général des fortifications.

de Du Bellis sur les spectacles, qui avait obtenu le prix de trois cents francs offert par le maréchal. Les 300 francs furent employés à faire exécuter une lyre d'or, que Villars remit lui-même à Paris à l'heureux lauréat [1].

Peu de temps après, il eut une nouvelle occasion d'intervenir en faveur de l'Académie. Comme toutes les académies, elle suscitait les épigrammes et l'envie; un avocat du roi en la sénéchaussée de Marseille, nommé de Cugis, fit circuler sous le voile de l'anonyme de sanglantes satires contre elle, où le maréchal lui-même était mis en jeu. La Visclède crut devoir l'en informer. Villars lui répondit le 5 décembre 1727 :

« Je vous assure que je ne saurais me mettre en colère contre M. de Cugis; mais vous avez la plus belle occasion du monde de découvrir par ce libelle diffamatoire... de qui il pouvait venir, puisque l'imprimeur doit être mis en prison jusqu'à ce qu'il ait déclaré de qui il tient un ouvrage qu'il n'a eu aucune permission de faire imprimer. La police que messieurs les échevins gouvernent ne doit faire aucune grâce sur cela, et en vérité, il faut que messieurs de l'académie soient bien tranquilles à Marseille, si on ne leur rend pas la justice que les plus misérables du monde doivent prétendre. Pour moi, je vous déclare que tous les fols qui s'aviseront de faire des vers contre moi, s'ils n'ont pas d'autres crimes par devers

---

1. Lautard, I, 77.

eux, certainement ils auront l'impunité entière de ma part. Je trouve M. l'abbé de Porrade[1] très violemment insulté par cette lettre anonyme, si tant est qu'une lettre anonyme puisse insulter; j'écris à M. Le Bret sur cela auquel tout le corps de votre académie doit s'adresser. »

En effet, Villars, en envoyant copie à Le Bret de sa lettre à La Visclède, disait : « La première espérance qu'il (M. de Cugis) pourrait avoir de l'impunité de ses satires, c'est l'honneur qu'il me fait de m'y mêler... Ce qui cependant mérite punition, en tout lieu où l'équité est un peu observée, c'est un libraire qui est convaincu d'imprimer des libelles diffamatoires, et je crois que la moindre des trois autorités que vous avez dans la province est plus que suffisante pour le faire châtier. »

Ainsi mise en demeure, la justice ne pouvait manquer d'agir; elle le fit non seulement contre l'imprimeur, mais contre Cugis, que Villars ne dédaignait pas au point de ne pas approuver des poursuites contre lui, comme l'atteste ce passage de sa lettre du 14 décembre :

« J'apprends que le lieutenant criminel de Marseille vous a porté les informations faites contre le sieur de

1. L'abbé de Porrade avait été surtout attaqué par Cugis, qui avait fait circuler contre lui des vers orduriers et un brevet d'Espalier des galères. Porrade écrivit à Le Bret pour lui demander de le protéger contre de Cugis, « dont la folie, dit-il, va jusqu'à la fureur, et qu'on a vu de nuit armé de pistolet. » (Bibl. nat. n. f. fr. 3487).

Cugis; je crois qu'il y a de quoi punir ce violent avocat du roi, assez indigne par sa conduite d'être avocat de Sa Majesté. »

Le 24, le maréchal revient sur cette affaire, et la présente sous un jour nouveau à Le Bret :

« J'ai appris que l'on ne tient pas l'imprimeur pris en flagrant délit, et par cette raison, il est difficile de convaincre le sieur Cugis. Mais depuis ce temps, j'ai reçu une lettre de sa femme, enfermée dans un couvent par une lettre de cachet, et m'étant informé de ce qu'elle pouvait être, j'ai trouvé qu'il était autant établi que c'était une femme d'aussi bonne conduite et aussi raisonnable que son mari est un fol à lier. Je vois donc que par des protections de cour, l'honnête femme est enfermée et le fol a la liberté. Pour moi, qui suis ennemi de toutes les injustices et qui les empêcherai autant que mon petit pouvoir pourra s'étendre, je vous supplie de me mander ce que vous savez. »

Les équitables intentions de Villars furent-elles remplies? Le Bret dit qu'à la suite d'un procès de séparation, qui avait été rendu en faveur de sa femme, Cugis avait obtenu un ordre du roi pour la faire enfermer. Lui-même en ce moment était à Lyon et paraissait se diriger sur Paris. Son père, ancien procureur du roi en la sénéchaussée de Marseille, agissait pour assoupir l'affaire; il faisait même parler par un avocat du conseil à Villars, qui lui aurait déclaré qu'il ne voulait s'en mêler ni directement, ni indirectement[1]. Dans ce cas, il n'aurait pas conformé entièrement ses paroles à ses lettres.

Les premières difficultés surmontées, l'Académie de Marseille poursuivit paisiblement sa carrière, en répandant autour d'elle des lumières discrètes, comme il sied à une honnête société savante. Villars continua de lui donner des marques de sa bienveillante sollicitude. En 1731, il transforma l'allocation

---

1. Le registre 3487 du nouveau fonds français de la Bibliothèque nationale contient plusieurs mémoires ou lettres de Le Bret, du père de Cugis, de Cugis, de Mme de Cugis, fille d'un marchand bonnetier de Marseille, de l'abbé de Porrade, de La Visclède, relatives à cette affaire, qui fit plus de bruit qu'elle n'en valait la peine. Elle contient aussi une copie d'une lettre de l'avocat Bouchaud, racontant au père de Cugis son entrevue avec Villars, qu'il a vu au moment où il partait pour Marly : « Il m'a tiré à l'écart, écrit-il, et m'a dit : Vous venez pour l'affaire Cugis... On m'a dit du bien du père, et je le plains d'avoir un fils qui lui donne du chagrin et qui s'est brouillé avec l'Académie. On a couru à moi, croyant que j'allais être dans une grande colère contre lui à cause que je protège cette Académie. Mais non, je ne m'y suis pas mis et ne m'y mettrai point du tout, mon nom, ni mon crédit ne s'employant jamais à accabler un jeune homme. La saillie qui lui a échappé et qu'on a regardée comme un mépris et une insulte faite à ma personne ne me touche point ; elle se perd dans la distance qui nous sépare... Je ne veux me mêler ni directement ni indirectement de cette affaire. » La plus violente des satires de Cugis était intitulée *Le sabat littéraire*. M. Dassy croit qu'il réussit à faire imprimer à Trévoux un pamphlet sous ce titre : « *Critique des ouvrages de l'Académie de Marseille*, in-18, 1727. » Une caricature fut publiée à la même époque contre l'académie, qu'une comédie voulut tourner en dérision. Les échevins refusèrent d'en autoriser la représentation, et s'empressèrent d'en prévenir Villars. (Dassy, l'*Académie de Marseille*, p. 27 à 29.)

annuelle qu'il lui donnait pour ses concours en une dotation perpétuelle sur sa terre de Martigues. En 1732, il lui fit obtenir le droit de porter de vingt à trente le nombre de ses membres par l'adjonction de « dix personnes versées dans la connaissance des sciences. » L'Académie en revanche ne négligeait aucune occasion de lui manifester sa déférence et sa gratitude. Elle mit au concours son éloge ; le maréchal fit des objections pour la forme ; puis il céda et consentit même à décider lequel des deux meilleurs concurrents méritait le mieux la médaille d'or, frappée à ses armes [1], qui devait être remise au plus digne. A sa mort, l'Académie ne se contenta pas de faire son panégyrique en vers et en prose dans une séance spéciale, qui eut lieu à la suite d'un service funèbre solennel ; elle mit de nouveau son éloge au concours. Mais les éloges de commande sont rarement des chefs-d'œuvre. En couronnant l'ode qu'un grand carme, le R. P. Chaix, avait consacré à la gloire de Villars, l'Académie de Marseille montrait qu'elle n'avait pas d'hostilité systématique contre les religieux, et qu'elle tenait compte des intentions plutôt encore que du fond et de la forme de la médiocre pièce de

---

1. Cette médaille ne fut frappée qu'en 1740. D'un côté était le profil de Villars avec cette exergue : L. HEC. D. DE VILLARS FR. PAR. ET M. GENERALIS. ; de l'autre : PRÆMIUM ACADEMIÆ MASSILIENSIS. Elle a été reproduite par la gravure dans l'*Académie de Marseille,* par Dassy, pl. III.

vers qui lui était présentée [1]. Elle se préoccupait surtout de témoigner sa gratitude envers l'homme illustre qui avait été son premier protecteur et pour ainsi dire son fondateur.

---

[1]. Lautard, t. I, p. 162. — Nous avons eu souvent recours dans ce chapitre à l'*Histoire de l'Académie de Marseille* (p. 1 à 162) rédigée d'après les procès-verbaux et les archives de cette académie. Voir aussi l'*Académie de Marseille* par M. Dassy, et sur ses académiciens au XVIIIe siècle, *Marseille ancienne et moderne*, par Guys, 1786, p. 96 à 117.

XXIII.

Mort de Villars et de Le Bret. — Le fils de Villars gouverneur de Provence.

Les panégyriques de l'Académie, l'ode du Père Chaix, ne furent pas les seuls hommages rendus en Provence à la mémoire de Villars, lorsque la mort l'eut enlevé le 17 juin 1734, à Turin, à la suite d'une brillante campagne dans le Milanais. Ses derniers jours, dans sa vigoureuse vieillesse, apparurent environnés d'une gloire nouvelle. Sa perte suscita de toutes parts les louanges et les regrets. Avant même que l'abbé Séguy eut prononcé son éloge à Paris, il l'avait fait entendre à Marseille [1]; le Père Folard avait fait son oraison funèbre à Arles, le Père Sube à Lambesc, le Père Daleman à Toulon; des services solennels furent célébrés dans les principales villes de la province; notamment à Lambesc devant les procu-

---

1. *Oraison funèbre de Villars,* par l'abbé Séguy. Marseille 1734, in-12. — *Oraison funèbre prononcée à Saint-Sulpice,* le 27 janvier 1735. Paris, 1735, in-4°.

reurs du pays [1], à Marseille [2] et à Toulon, devant les autorités civiles et militaires. Ce n'était pas seulement le gouverneur dont on honorait la mémoire; c'était aussi l'illustre guerrier dont la France était fière.

Peu de temps après, le 14 octobre 1734, son correspondant fidèle, son collaborateur avisé et dévoué, Le Bret fut trouvé mort dans son lit à Marseille, frappé, disait-on, d'une attaque causée par des reproches que lui aurait adressés la duchesse de Modène sur son attitude pendant le procès du Père Girard et de la Cadière [3]. Il est certain que dans cette cause scandaleuse et célèbre, Le Bret s'était montré favorable aux jésuites et que le peuple qui leur était opposé jeta des pierres contre son carrosse [4]. Mais l'anecdote relative à l'effet produit par les paroles de la duchesse n'est rien moins que prouvée [5]. Le Bret laissait dans la province qu'il administrait et où il résidait depuis trente ans plus de regrets que le maréchal de Villars. Le Père Folard, qui fit son oraison funèbre, avait pu lui donner pour texte ces paroles de Job : « Je me suis revêtu de justice... j'étais le père des pauvres et j'étu-

1. *Inv. archives des Bouches-du-Rhône*, C. 72.
2. Le 26 novembre 1734. A cause du mauvais temps, les échevins se rendirent en chaise à porteur à la cathédrale. (*Cérémonial.*)
3. Roux Alpherand, *Les rues d'Aix*, t. II, p. 204.
4. A. Fabre, *Histoire de Provence*, t. II, p. 285 et suiv.
5. Voir l'*Intermédiaire des chercheurs*, n° 536. Réponse à cette question : Le Président Le Bret est-il mort de chagrin? La réponse est non.

diais avec grand soin les causes que j'ignorais. Je brisais les dents de l'injuste. » Il le montra désintéressé, travailleur, zélé, sage, avec une tendresse de mère pour ses sujets; il le compara à Joseph, pour la prévoyance dont il fit preuve pour les approvisionnements, à Josias, dont la vie fut toute justice; il loua sa piété, sa générosité, sa large hospitalité. « Qui jamais le surpassa, quand il fallait donner à son rang la splendeur qu'il demande? » Mais en même temps, il le dépeignit comme étant « plein de simplicité et d'un accueil bienveillant pour tous [1] ».

La province qu'il avait administrée si longtemps a gardé son souvenir. Sa statue a été dressée en 1865 sur la façade de la préfecture de Marseille, non loin de celle du duc de Villars[2]. Elle rappelle la popularité qu'il s'était acquise. Un témoignage plus touchant en avait été donné après sa mort par les pêcheurs de Marseille, qui firent célébrer à l'église Saint-Laurent un service religieux, où le curé prononça en langage provençal son oraison funèbre qui fut imprimée[3]. Les humbles qu'il avait mainte fois protégés rendaient justice à ses mérites.

Ils l'avaient vu souvent au milieu d'eux, s'occupant

1. *Oraison funèbre de messire Cardin Le Bret ordonnée par délibération du Conseil de ville... prononcée dans l'église métropolitaine le 14 décembre 1734*, par le P. Folard, de la compagnie de Jésus. Arles, 1754, in-4° de 25 pages.
2. Comte Le Bret, p. 74.
3. Voir Marchand, p. 42.

de leurs intérêts et de leurs besoins, tandis que le maréchal de Villars n'était pas venu parmi eux depuis dix-huit ans. On savait qu'il veillait de loin sur la province; on était fier de sa gloire, mais on n'en voyait que le lointain reflet. D'ailleurs, comme son fils lui succédait dans son gouvernement dont il avait depuis 1714 la survivance, on pouvait dire : le roi est mort, vive le roi! Le marquis de Villars n'était pas pour les Provençaux un étranger; en 1722, lors de son mariage avec Mlle d'Ayen, fille du duc de Noailles, les échevins de Marseille lui avaient envoyé une pièce d'étoffe d'or à 300 livres l'aune [1]; quelques mois avant la mort de son père, il avait été reçu à Marseille avec les honneurs qu'on rendait aux gouverneurs lors de leur première entrée et que provoquait sans doute en partie le prestige qui s'attachait au nom de son père. Des arcs de triomphe furent élevés sur son passage; des fontaines de vin coulèrent aux carrefours; son cortège fut accueilli avec enthousiasme. Les États de Provence décidèrent de lui offrir un présent de 20,000 livres [2]. Le marquis de Villars n'hérita pas seulement du gouvernement de son père; il hérita de son titre de duc, de son fauteuil à l'Académie française, auquel il avait moins de droits que lui, de sa qualité de protecteur de l'Académie de Marseille, dont il s'acquitta consciencieusement. Sous tous les rapports, le

1. Buvat, t. II, p. 325.
2. O. Teissier et Laugier, *Armorial*, p. 48.

duc de Villars était inférieur à son père; sa valeur militaire même était mise en doute; cependant, comme gouverneur de Provence, il eut le mérite de s'occuper régulièrement de ses fonctions et de résider fréquemment dans sa province, où il vint finir ses jours.

S'il voyait les choses de moins haut que le maréchal, il les voyait de plus près. Il se fit aimer plutôt qu'estimer de ceux qui l'entouraient. Son rôle à la cour était resté dans l'ombre; il avait été éclipsé par sa femme, « extrêmement jolie, dit Saint-Simon, dame du palais, dame d'atours de la reine, femme de beaucoup d'esprit et d'agrément, devenue dévote à ravir et dans tous les temps intrigant et charmant à merveille [1]. » En Provence, il mena très grand train, à Aix, à l'hôtel d'Hesmivy, qu'il avait acheté en 1750, au château d'Aygalades près de Marseille, où il alla mourir en 1770 [2]. Il était toujours accueilli à Aix avec un vif empressement et « de grandes démonstrations ». En 1738, « on lui prodigua les louanges à son arrivée »; des moines, écrit le moraliste Vauvenargues, lui dirent hardiment qu'il marchait sur les traces de son père, qu'il serait maréchal avant son rang et autres choses semblables ». La société aristocratique à laquelle il inspira un goût effréné pour le jeu, ne s'occupait que de M. de Villars et des plaisirs qu'il pro-

1. Saint-Simon, *Mémoires*, t. XVII, p. 251.
2. Roux Alpherand, *Les rues d'Aix*, t. II, p. 219, 220.

mettait pour l'hiver... « Sa dépense est excessive, dit Vauvenargues en 1739. Pour ses façons, nous nous en accommodons ; on le prie à souper dans les salons qui représentent. C'est le bon air, et on lui fait plaisir. On dit qu'il déclame dans ces soupers jusqu'à extinction de voix. Cela me rappelle le voyage de Néron en Grèce, lorsqu'il montait sur le théâtre et qu'il prodiguait sa voix et les trésors de l'Empire ; mais ce prince était cruel, et M. de Villars ne l'a jamais été ; ceux qui l'ont connu dans sa jeunesse peuvent en rendre témoignage [1]. »

S'il n'avait pas hérité du courage du maréchal, il aimait plus encore lui le théâtre et la déclamation. Voltaire écrivait de lui : « Je ne connais personne qui ait fait une étude plus réfléchie du théâtre [2]. » Mais il y avait une certaine malice dans l'éloge qu'il lui adressa, après l'avoir entendu dans une tragédie à Ferney : « Vous jouez, lui dit-il, comme un duc et pair [3]. »

Aussi les affaires théâtrales l'intéressaient-elles particulièrement dans sa province. Il interdisait la représentation de certaines pièces, comme *L'Honnête criminel*, de Fenouillot de Falbaire, à Toulon [4] ; il s'occupait de la police des salles de spectacle avec

1. Vauvenargues, *Œuvres posthumes et inédites*, publiées par Gilbert, 1857, p. 104, 110.
2. Du Rosoir, *Biog. Michaud*, t. XLIII, p. 433.
3. Il avait joué Gengis-Khan dans *l'Orphelin de la Chine*.
4. O. Teissier, *Invent. des archives de Toulon*, FF. 685.

une sorte de passion. En 1765, le parterre de la comédie de Marseille se montra très tumultueux; des cris, des sifflets, des insultes se faisaient entendre. Si ces désordres continuaient, le duc menaçait de « demander des ordres du roi pour faire chasser les perturbateurs de Marseille et de les faire enfermer dans quelque citadelle pour plusieurs années. Il est honteux, ajoutait-il, que Marseille soit la seule ville du royaume où la haine du parterre ne permette de jouir avec tranquillité d'un amusement tout à la fois honnête et agréable, et il est temps d'y mettre des bornes. » Les échevins font une enquête sans résultat; le duc insiste; il menace de s'en prendre aux capitaines de quartier s'ils ne peuvent maintenir l'ordre dans le spectacle. Sur des explications nouvelles qui lui sont données, il veut bien, pour cette fois, « oublier l'indécence avec laquelle on l'a troublé et insulté le directeur. » Mais le désordre recommence, et le gouverneur autorise les échevins, ou plutôt leur ordonne de faire mettre en prison le capitaine de quartier qui ne ferait pas son devoir.

Les désordres recommencèrent en 1766. Les abonnés avaient envahi la scène, et le parterre réclama. Des réclamations, il en vint à se battre à coup d'oranges, et les officiers lancèrent sur leurs adversaires des chandelles, des lampions et des chaises. Ils firent même envahir la salle par des grenadiers, au mépris des droits de la municipalité, qui en avait la police. Deux échevins se rendirent à Aix pour se plaindre au gouverneur, qui les reçut d'une façon fort disgracieuse. Lorsque le théâtre se rouvrit, la municipalité interdit aux abonnés de se placer désormais sur la scène, et le calme fut rétabli sans l'intervention du gouverneur [1].

Comme son père, le duc de Villars intervint dans les affaires de Marseille, s'empressant d'annoncer au corps municipal la ratification par le roi de la nomination des nouveaux échevins [1]. Comme son père, il écrit à ceux-ci pour leur recommander des personnes qu'il désire plus ou moins obliger. S'il demande instamment que l'on admette parmi les apothicaires de Marseille un protégé du médecin Tronchin, « auquel il doit la vie », il est moins pressant dans un autre cas : « Mme Mallard, écrit-il aux échevins, nourrice de M. le duc de Berry, que je ne connais pas, vient de m'écrire pour me recommander le sieur François Jouve pour lequel elle demande une place de capitaine général des fermes de la viande à Marseille ; je ne sais pas si cette place est vacante, ni si cet homme est en état de la remplir ; je n'y prends pas beaucoup d'intérêt ; je vous fais part seulement de la sollicitation qui m'a été faite. » Les deux recommandations du reste eurent

---

1. M. Octave Teissier a publié le texte des lettres que le duc de Villars écrivit à cette occasion et dans plusieurs autres, en 1765 et 1766, dans une série d'études sur les *échevins Georges de Roux et Justinien de Remuzat*, publiées dans la *Revue de Marseille et de Provence*, 1874, 1875.

le même résultat : la place de capitaine général n'était pas vacante, et les syndics du corps des apothicaires refusèrent d'admettre le protégé de Tronchin. Le duc de Villars fut plus heureux une autre fois en obtenant de l'échevinage qu'il éloignât, pour trois mois de Marseille, un opérateur qui faisait concurrence à un de ses confrères, muni comme lui d'un privilège du gouverneur pour l'exercice de son art et la vente de ses drogues.

Le fils de Villars témoigna particulièrement sa sollicitude à l'Académie de Marseille. Il ne manqua pas d'y siéger et d'« y haranguer », aimant à parler en public[1]. De même que son père avait fondé en sa faveur une médaille pour les lettres, il en fonda une en 1767 pour les sciences, avec cette devise : *Doctarum praemia frontium*. Sa plus belle œuvre fut son testament, dans lequel il légua 120,000 livres au collège royal de Bourbon et à l'université d'Aix pour la création d'une bibliothèque publique, d'un cabinet de médailles, d'un jardin botanique, et d'écoles de mathématiques, de physique et de dessin [2].

Il léguait, en outre, à la bibliothèque publique qu'il voulait fonder une statue en marbre de son père,

1. Vauvenargues, *Œuvres posthumes et inédites*, p. 100. — Vauvenargues raconte dans un style assez vif au marquis de Mirabeau plusieurs anecdotes relatives au duc de Villars et à l'Académie de Marseille. (*Ibid.*, p. 105, 106, 107.)
2. Dassy, *l'Académie de Marseille*.
3. *Inv. des archives des Bouches-du-Rhône*, C. 85.

exécutée en 1711 par Nicolas Coustou, et qui orne aujourd'hui le grand escalier de l'hôtel de ville d'Aix. Cette statue remarquable, quoique d'une pose un peu forcée, rappelle en même temps la gloire du maréchal et les bienfaits de son fils, qui avait fondé à Aix, comme le dit l'inscription du piédestal, un grand nombre d'établissements utiles [1].

Le duc de Villars, qui ne laissa qu'une fille religieuse, termina la dynastie des Villars en Provence. Il fut le seul gouverneur qui y ait résidé depuis le cardinal de Vendôme. Thomas, qui prononça son éloge à l'Académie française, le loua surtout « de n'avoir abusé ni de son rang ni de son pouvoir pour faire plier les lois, ni de la crainte qu'inspire un homme en place pour faire respecter ses caprices [2]. »

Quelques services qu'il ait rendus à ses administrés, quelque soin qu'il prit de leurs affaires, ses actes, ses paroles et ses écrits ne peuvent égaler en intérêt ceux de son père. Les grands hommes mettent sur tout ce qu'ils font l'empreinte de leur génie, le cachet de leur supériorité. Sans doute, ils n'excellent pas de même dans toutes les carrières qu'il leur est donné de parcourir; chez Villars, le guerrier est supérieur au diplomate, le diplomate à l'homme d'État et à l'administrateur; mais dans les rôles secondaires qu'ils sont

---

1. Rouard, *Notice sur la bibliothèque d'Aix*, 1831, p. 151. Renseignement communiqué par M. O. Teissier.
2. Du Rosoir, Biog. Michaud, t. LXIII, p. 433.

appelés à remplir, on trouve encore quelques-unes des grandes qualités et des rares aptitudes qui ont assuré leur renommée sur une plus grande scène. A ce titre, l'étude de la correspondance de Villars avec le premier président Le Bret valait la peine d'être entreprise ; elle ne nous montre pas seulement un gouverneur de province en fonctions, mais elle nous fait voir comment ces fonctions pouvaient être exercées par un grand homme, sur la physionomie duquel elle jette quelques lueurs nouvelles.

APPENDICE.

1.

Lettres patentes de gouvernement général de ce pays et comté de Provence pour M^{re}*. Louis Hector, duc de Villars, pair et maréchal de France, vicomte de Melun, seigneur de Villeneufve, de Marc-Blandy, Sivry, etc. chevalier des ordres du Roy, gouverneur de Fribourg et gouverneur général des provinces de Metz et Verdun et des villes et citadeles de Metz* [1].

Louis par la grâce de Dieu Roy de France et de Navarre, comte de Provence, Forcalquier et terres adjacentes, à tous ceux qui ces présantes verront, salut. La situation de nostre pays et comté de Provence rend le gouvernement de cette province sy considérable par les ports de mer sur la Méditerranée et ses places frontières qui ouvrent l'entrée dans l'intérieur de nostre royaume, que nous ne seroins apporter trop de soins pour la conservation d'un pays aussy important; nous avons creu, pour cet effect, que nous ne pourrions faire un meilleur ny plus digne choix pour remplir la place de gouverneur

---

1. Nous devons la copie de ce texte, conservé aux archives des Bouches-du-Rhône (série B. Reg. 120, fol. 210), à l'obligeance de M. Blancard, correspondant de l'Institut, archiviste du département. Nous avons conservé l'orthographe et les incorrections du texte.

général de cette province qui vacque à présent par le décès de nostre cousin le duc de Vandosme, que de la personne de nostre très cher et bien amé cousin Louis Hector duc de Villars, pair et maréchal de France, vicomte de Melun, seigneur de Villeneufve, de Marc-Blandy, Sivry, etc., chevalier de nos ordres, gouverneur de Fribourg et gouverneur général des provinces de Metz et Verdun et des villes et cittadelles de Metz. Il a passé sa vie dans les guerres que nous avons soutenues contre nos enemis; il commença en l'année 1672, dans la campagne de Hollande que nous fismes en personne et connoissant son inclination pour la guerre, nous luy donnâmes la charge de guidon des gens d'armes de Bourgogne; en 1674 il se trouva à la bataille de Seneff à la teste d'un régiment de cavalerie où il fut blessé et il a esté aussi à toutes les actions et sièges qui se sont passés, tant en Flandres qu'en Allemagne, et particulièrement à la levée du siège de Mastrec, aux sièges de Condé, Bouchain, Aire, le fort de Linck, au siège de Saint-Omer, à la bataille de Cassel, aux combats de Cokesberg, à la défaite du prince d'Eisnach sous le fort de Kell, aux combats de Valkirque et de Kindersall, aux assauts de Kell et de Fribourg et au combat de la Kinche.

Après la paix de Nimègue son ardeur pour la gloire ne pouvant se ralentir, il passa en Hongrie et se trouva à la bataille d'Hersan, après laquelle nous luy donnâmes la charge de Commissaire général de notre cavalerie et nous l'employâmes pour nostre service auprès de nostre frère l'électeur de Bavière jusqu'au commencement de l'année 1689, qu'il vint commander la cavalerie de nostre armée en Flandre; en 1690 nous l'honorâmes de la dignité de maréchal de nos camps et armées, et en 1691 il se trouva au siège de Mons, prit le fort de Chenay près de Liège, eut beaucoup de part au combat de Leuse que feu nostre cousin le duc de Luxembourg le chargea d'engager avec nos enemis; pendant l'hiver de la mesme année, il seut si bien profiter des glaces qu'il passa les cannaux de Bruges et du Sas de Gand et exigea pour nous des grosses contributions.

En l'année 1692 il deffet à la teste de la cavalerie qu'il commandoit le comte de Lippe, près Vorsmes et se trouva au combat de Visloch. Des services si importans et si heureux, nous excitèrent à luy en témoigner nostre satisfaction par des marques distinguées; nous le fismes en 1693 lieutenant général de nos armées.

Il commença cette année la campagne en Flandres où nous estions en personne, passa de là en Allemagne avec feu nostre très cher et très amé fils unique le Dauphin, et sur la fin de ceste année il alla en Italie et nous luy donnâmes le gouvernement de Fribourg; il servit dans ce pays là au siège de Valence et se trouva aux autres actions qui s'y passèrent, et après la paix de Riswyck, nous le choisismes pour le faire passer en qualité de nostre envoyé extraordinaire auprès de l'Empereur, ne doutant pas que son habileté et sa prudence le rendissent aussy capable de nous servir dans les négotiations importantes, qu'il l'avoit esté dans la guerre; mais, la rupture de la paix estant arrivée en 1701, il a recomencé à nous rendre des nouveaux services très considérables et très importants; il passa cette année-là en Italie et quoy qu'en arrivant à l'armée avec le prince de Vaudemont il fut tombé malade, l'escorte qu'ils avoint ayant esté attaquée par un corps considérable des enemis, il monta à cheval et battit ce corps comandé par le général Mercy; en 1702 nous luy confiâmes le commandement de nostre armée en Allemagne, à la teste de laquelle, après avoir pris Meubourg, il gagna la bataille de Frideling sur l'armée de l'Empereur commandée par le prince Louis de Bade; un évenement si considérable nous fit bien connoistre ce que nous pouvions attendre de sa valeur, de son intrépidité, de son habilité, et de la fermeté de son courage, et que le pouvoir et l'authorité que donne le titre de maréchal de France sur nos trouppes ne pouvoit estre déposé en de meilleures mains, nous créames pour cet efect en sa faveur de l'un de nosdits maréchaux de France pour luy marquer la satisfaction que nous avions des grands services qui nous avoit rendus et que nous espérions qu'il nous rendroit encore dans la suitte; il a si bien rempli nos espérances, qu'en l'année 1703 il passa le Rhin dans le mois de février, dissipa les quartiers d'hiver des Impériaux, passa la Kinche devant le prince Louis de Bade, assiégea le fort de Kell défendu par le général Emberg avec quatre mille hommes, et le soumit à nostre obéissance en douze jours; il prit ensuite Ketsingue, forca le premier may les passages des Montagnes noires et toutes les troupes qui les défendoint feurent prises ou tuées sur le champ de bataille; le 20 novembre de la même année, il gagna la bataille d'Hochtett, où l'armée de l'empereur commandée par le maréchal de Stirum perdit quinze mille hommes tués ou pris toute son artillerie et ses bagages; en 1704 nous l'envoyâmes en Languedoc où par sa grande prudence il appaisa entièrement les troubles de cette province sans efusion de sang, ce qui nous engagea à l'associer à nostre ordre et milice du Saint-Esprit en le faisant chevalier de nos ordres; en 1705, nos enemis ayant formé des grands desseins de pénétrer dans nostre royaume, firent marcher sur la Mozelle toutes les forces de la Hollande et de l'empire commandées par le duc de Marborough, nostredit cousin s'y estant rendu il prit de si bonnes mesures pour faire avorter ces desseins, que ce grand nombre de troupes fut obligé de s'en retourner en Flandre sans avoir ozé attaqué nostre armée qui estoit sous son commandement, et loin d'avoir remporté aucun avantage sur nos troupes, nostredit cousin força quelques jours après les lignes que nos enemis avoient formé à Veisembourg, ce qui nous engagea pour luy mieux marquer combien nous estions content de luy, d'ériger en sa faveur la terre de Vaux-le-Vicomte en titre et dignité de duché de Villars; en 1706, il força les lignes de Hagueneau en présence du prince de Bade, prit cette ville qui se trouva fournie de toutes les munitions de guerre, l'artillerie et les appareils nécessaires pour un grand siège et qui estoit deffandue par trois mille hommes qui feurent faits prisonniers de guerre, les forts de Drusenheim, de Stamatt et de Neubourg feurent emportés et tout ce qui les défandoit pris ou tués. Il passa ensuite le Rhin et emporta les retranchements de l'isle du Marquisat, deffendus par plusieurs bataillons Impériaux; en 1707 nostredit cousin força les lignes de Stollofen, prit 50 pièces de canon, battit dans les montagnes de Suabe le lieutenant général Janhus commandant un corps de 5 à 6000 hommes, prit ce général et ensuite la ville de Schomdorff, battit l'arrière garde de l'armée de l'empereur à Guemundt et ayant pénétré pour la troisième fois au milieu de l'empire, il étendit les contributions au-delà du Danube et du Tauber; en 1708, nostredit cousin commandant notre armée dans les montagnes de Dauphiné, prit les derrières de l'armée du duc de Savoye qu'il vouloit investir Briançon et emporta les deux villes de Sezanne défandues par la teste de l'armée de ce prince et à sa vue; en 1709, nous destinâmes nostredit cousin pour commender nostre armée en Flandre, ce fut dans cette campagne qu'il arresta dans les plaines de la Bassée les armées formidables de nos enemis qui menacoint d'entrer en France, il leur livra la bataille de Blangy, où, quoique les enemis y aient perdu plus de 30,000 hommes tués ou blessés, nous n'y avons pas perdu 5,000 en tout, et il y avoit lieu de croire qu'il nous auroit encore randu dans cette action des services très signalés sans une blessure assez grande qu'il receut au genouil, et comme nous estions bien aise de luy donner de plus en plus des preuves de nostre satisfaction entière, nous ajoutâmes en 1710 à l'érection de duc que nous luy avions accordé en 1705 celle de pair de France dont nous le décorâmes et nous luy donnâmes la mesme année le gouvernement général des provinces de Metz et de Verdun et des ville et citadelle de Metz; cette mesme année et celle de 1711 qui la suivit il se passa en Flandre diverses actions particulières sous son commandement qui feurent toutes heureuses mais celles

APPENDICE. 279

de cette année ont esté très considérables; le prince Eugène assiégeant Landrecy, nostredit cousin passa dans une nuit la Sambre, la Seille et l'Escaut, et par une longue marche, il arriva sur le camp retranché des enemis à Denain deffandu par 18 bataillons, fit attaquer les retranchements dans le mesme temps que la teste de l'armée enemie commençoit à y entrer pour les secourir, ils feurent touts emportés par les bons ordres de nostredit cousin et la valleur de nos troupes, et le pont de l'Escaut qui fut rompu ayant coupé la retraite au peu de trouppes des enemis qui auroint peu se sauver, tout fut pris tué ou noyé; et dans le mesme temps, Marchiennes, où estoit la plus grosse partie de l'artillerie des enemis, toutes les munitions de guerre et de bouche et 1500 malades de leur armée fut pris en quatre jours avec ce qui estoit renfermé, Saint-Amand, Hanon et tous les postes de l'enemi sûr l'Escarpe emportés, le siège de Landrecy levé, le fort de l'Escarpe et Douai investis aussitôt furent soumis en 24 jours, le lieutenant général Hompesch qui y commandoit et la garnison prisonnière de guerre en présence de l'armée enemie campée à la portée du fusil de nos retranchements; le Quesnoy a esté attaqué avec la mesme rapidité et s'est rendu en 15 jours à discrétion avec le général Yvoy qui y commendoit aussi en présence des enemis; enfin cette campagne qui a esté terminée par la prise de Bouchain en dix jours et à discrétion, avec le général Grawenstein qui en estoit commandant, et fait perdre à nos enemis 44 bataillons tués ou prisonniers, cinq lieutenants généraux tués ou pris, 7 maréchaux de camp, 37 colonels pris ou tués,

1250 officiers prisonniers, plus de 400 pièces de canon ou mortiers de bronze, parmi lesquelles sont 100 pièces de 24, prises dans Marchiennes ou le Quesnoy. Tant de grandes actions ne nous laissent pas lieu de douter que le choix que nous avons fait de nostredit cousin pour remplir le gouvernement général de nostredit pays et comté de Provence ne soit digne de luy; Pour ces causes et autres grandes considérations à ce nous mouvans avons nostredit cousin le maréchal duc de Villars, fait, constitué, ordonné et establÿ, et par ces présantes signées de nostre main, faisons, constituons, ordonnons et establissons gouverneur et nostre lieutenant général en nostredit pays et comté de Provence, Marseille, Arles et terres adjacentes et ladite charge vacante comme dit est par le décès de nostredit cousin le duc de Vandosme, luy avons donné et octroyé, donnons et octroyons pour l'avoir, unir et exercer aux honneurs, autorités, prérogatives, prééminances, franchises, libertés, états, appointements, droits, fruits, proffits, revenus et émoluments accoutumés et qui y appartiennent, tels et semblables qu'en a joui ou deub jouir feu nostredit cousin le duc de Vandosme, avec plain pouvoir, authorité, commission et mandement spécial de contenir sous nostre authorité nos sujets, manans et habitans de nostredit pays et comté de Provence, Marseille, Arles et terres adjacentes en l'obéissance et fidélité qu'ils nous doivent, les faire vivre en bonne union, paix et amitié et concorde les uns avec les autres, pacifier et faire cesser touts débats, querelles, divisions et désordres qui surviendront entre eux, faire punir par nos juges ceux qui se trouveront coupables et auteurs desdites querelles et divisions, comme aussy ceux quy contreviendront à nos édits et ordonnances, mander, convoquer et assembler par-devant luy en tel lieu et toutes fois et quantes que bon luy semblera et le besoin le requera, les gens d'église, la noblesse, officiers, maires et échevins, consuls, bourgeois, manans et habitans des villes et lieux dudit gouvernement pour leur faire entendre, ordonner et enjoindre ce qu'ils auront à faire pour le bien de nostre service et leur repos et conservation, adviser et pourvoir aux affaires occurrentes dudit gouvernement, ouir les plaintes de nos sujets dudit gouvernement et sur icelles leur pouvoir et faire administrer la justice, avoir l'œil à ce que les officiers de touts siéges et juridictions et tous autres fassent le devoir de leur charge, et s'ils ne s'en acquittent, nous en avertir pour y mettre l'ordre nécessaire, commander à nosdits officiers, ensemble aux maires et échevins, consuls, manans et habitans desdites villes comme aussy aux capitaines des gens d'armes de nos ordonnances, mestres de camp, collonels et capitaines de chevau-légers, ban et arrière ban, gens de pied, légionnaires et tous autres de quelle qualité et nation qu'ils soient, qui sont et seront cy-après pour nostre service dans ledit gouvernement; leur ordonner ce qu'ils auront à faire pour nostre service; envoyer lesdits chefs, cappitaines et soldats en telles villes, places, bourgs et autres lieux dudit gouvernement qu'il verra bon estre pour la conservation d'iceluy; les faire marcher à la campagne pour s'opposer aux desseins et entreprises qui pourroint estre faites contre nostre service, et pour faire celles qu'il verra estre à propos contre nos enemis et touts perturbateurs du repos public, assiéger les places, villes et châteaux occupés par ceux qui refuseront de nous obéir, prendre pour cet effect et faire marcher telles pièces d'artillerie poudres et munitions qu'il verra bon estre; icelles prendre esdites villes places et forteresses dudit gouvernement, s'en servir auxdites entreprises, les envoyer de places à autre si besoin est, commander aux habitans des villes et autres lieux dudit gouvernement ou de partie d'iceluy les moins foulez ce qu'il verra estre à faire pour la voiture desdites pièces; et après nous en avoir donner avis abattre et démanteller toutes villes et châteaux dudit gouvernement que besoin sera, soit qu'ils nous appartiennent ou à nosdits sujets, s'il voit qu'il y ait éminent péril en temps de guerre et que nos enemis s'en peusent saisir et prévaloir; faire administrer aux dits gens de guerre qui ainsi seront par luy employés et à tous ceux aussi qui passeront dans l'estendue de nostredit pays et comté de Provence, Marseille, Arles et terres adjacentes, les logis et vivres nécessaires pour les présens et effectifs, soit par étape ou autrement à la moindre foule et oppression de nostre peuple que faire se pourra et conformément à nos réglements et ordonnances, depputer à cet effect tels commissaires qu'il avisera, et, advenant la mort des capitaines des chateaux, villes, ponts et places estans pour nostre service audit gouvernment en déppuiter d'autres en leur place jusqu'à ce que nous y ayons pourveu; faire vivre lesdits gens de guerre tant séjournans que passans en bon ordre, discipline et police suivant nos réglements et ordonnances, empécher que nos sujets n'en recoivent aucune foule ni oppression, et si aucun entreprenoit le contraire en faire faire justice par les prévosts provinciaux et autres nos officiers dudit gouvernement et en cas qu'il soit requis d'employer les forces de la province soit pour contenir lesdits gens de guerre en leur devoir ou pour quelque autre occasion; convoquer et assembler le ban et arrière ban mesme les communes des paroisses de ladite province au son du tocsin pour assister lesdits prévosts et autres nos sujets ainsi que le cas le requéra, en sorte que la force nous en demeure, et en cas que nostredit cousin le maréchal duc de Villars ne peut en ses occasions s'y trouver lui-mesme, depputter et commettre telle personne qu'il reconnoistra et avisera capable de se bien acquitter des choses qui seront à faire; establir et faire asseoir les logements, de nostre gendarmerie que nous ordonnerons pour tenir garnison audit gouvernement, les changer de lieu à l'autre, quand besoin sera, pour le soulagement du pays; avoir esgard, lorsque nous ordonnerons la convocation de nostre ban et arrière ban à ce qu'il ne se commette aucun abus, en faire faire les montres et reveues, se faire représanter les rolles et assiettes de nos deniers qui se lèveront pour cet effect, empêcher qu'ils ne soient divertis; avoir l'œil et égard sur les prévôts des maréchaux, leurs lieutenans-greffiers, archers et autres officiers de la maréchaussée estans dans ledit gouvernement, leur ordonner ce qu'ils ont à faire pour nostre service, mesme pour y tenir les chemins et nos sujets en toute seureté et repos, commettre en outre auxdits chemins, passages et détroits telle garde qu'il avisera tant pour cet effect que pour ce qui regardera nostre service et avoir connoissance de ceux qui iront et viendront soit nos sujets et étrangers; voir et visiter si besoin est ce que porteront des personnes suspectes et s'ils se trouvent chargés de choses contraires à nostre service ou préjudiciables à nostre estat ou à nos sujets, les faire arrêter et constituer prisonnier et en faire faire justice selon que le cas le requérera; faire faire les montres et reveues à nosdits gens de guerre estants et qui seront dans l'étendue dudit gouvernement et pour ce commettre des commissaires et des contrôleurs extraordinaires, en l'absence des ordinaires, ordonner des deniers quy sont par nous destinés au paiement de nosdits gens de guerre suivant les états que nous en fairons expédier, ensemble de ceux qui seront par nous destinés pour la fortification desdites villes, places, ponts et passages et pour l'artillerie et munitions estants en icelles, et de tout en expédier les certifications, ordonnances et mandements, états et autres acquits servant à la descharge des trésoriers de l'ordinaire et extraordinaire de nos guerres, artillerie et fortifications, chacun comme il appartiendra, lesquels nous avons validés et authorisés, validons, authorisons dès à présent, comme pour lors par ces présentes, et où aucune rébellion et désobéissance arriveront en l'étendue dudit gouvernement en faire faire la justice selon que le fait le pourra requérir; faire que touts les grands chemins, ponts et passages dudit gouvernement qui ont accoutumés d'estre pavés, ensemble les ports d'iceluy soit bien et deument entretenus et que l'accés et comodité publique pour touts passans et trafiquans s'y trouvent entièrement; avoir esgard à ce que les deniers qui sont pour ce destinés y soient bien et fidellement employés et généralement en toutes les choses susdites et chacunes d'icelles leurs circonstances et dépendances qui touchent et apartiennent audit gouvernement en ordonner et disposer selon et ainsi que nous fairions et pourrions faire si nous y estions présens en personne, encore que le cas requist un mandement plus spécial qu'il n'est porté par cesdites présentes et ce pendant le temps de trois années entières et consécutives qui commenceront du jour et datte desdites présantes. Si donnons en mandement à nos amés et féaux les gens tenants nos cours de parlement, comptes, aydes et finances à Aix, présidens et trésoriers généraux de France, au bureau de nos finances estably audit lieu et à tous autres nos officiers et justiciers qu'il apartiendra, que nostredit cousin le maréchal duc de Villars, duquel nous nous sommes réservé de prendre et recevoir le serment en tel cas requis et accoutumé, et que nous avons mis et institué en possession et jouissance de ladite charge de gouverneur et nostre lieutenant général de nostredit pays et comté de Provence, Marseille, Arles et terres adjacentes, ils fassent, souffrent et laissent jouir et user plainement et paisiblement ensemble des honneurs, authoritez, prérogatives, prééminances, rang, séance et voix délibérative en nostredite cour de parlement, logements, gages, pensions, droits, fruits, profits, revenus et émoluments susdits, et à luy obéir et entendre de touts ceux et ainsi qu'il apartiendra ez choses concernant ladite charge, cessant et faisant cesser touts troubles et empêchements et que pour cet effect ils ayent chacun en droit soy à faire lire, publier et registrer ces présantes;

Enjoignons à touts nos justiciers et sujets qu'il apartiendra, qu'ils ayent à reconnoistre nostredit cousin le maréchal duc de Villars en ladite qualité, le respecter et luy obéir en tout ce qu'il ordonnera pour nostre service et qui dépendra de sa charge ainsi qu'à nostre propre personne.

Mandons en outre à nos amés et féaux conseillers les gardes de nostre trésor royal présens et avenir, chacun en l'année de son exercice et autres nos trésoriers, receveurs et comptables qu'il apartiendra que les pensions, gages et apointemens à ladite charge apartenant ils ayent à payer à nostredit cousin le maréchal duc de Villars à commencer du jour du décès de nostredit cousin le duc de Vandosme jusqu'au jour de la réception de notredit cousin le maréchal duc de Villars auquel nous avons fait et faisons don par cesdites présantes des dits gages, pensions et appointements, intermédiaires et ensuite par chacune desdites trois années aux termes et en la manière acoutumée et raportant par eux ces présantes ou copies d'icelles deuement collationnées pour une fois seulement avec quittance sur ce suffisante, nous voulons que tout ce quy luy aura esté payé à l'occasion susdite soit passé et alloué en la dépense de leur compte par lesdits gens de nos comptes, auxquels mandons ainsy le faire sans dificulté, car tel est nostre plaisir, en témoin de quoy nous avons fait mestre notre scel à cesdites présentes. Donné à Versailles le 20e d'octobre l'an de grâce mil sept cent douze et de nostre règne le soixante dixième. Signé : Louis, et plus bas, par le Roy comte de Provence : Colbert.

Aujourd'huy 4ᵉ janvier 1713, le roy estant à Versailles, le sieur maréchal duc de Villars, desnommé en ces présentes a fait et presté entre les mains de sa Majesté le serment qu'il devoit en qualité de gouverneur et lieutenant général au gouvernement du pays et comté de Provence dont elle l'a pourveu; moy son conseiller secrétaire d'État et de ses commendements et finances présent. Signé : Colbert.

INDEX CHRONOLOGIQUE

DES LETTRES INÉDITES DE VILLARS A LE BRET.

Abréviations : **B. N.**, Bibliothèque Nationale ; — **fr.**, Bibliothèque nationale, fonds français ; — **n. fr.**, nouveau fonds français ; — **A. N.**, archives nationales ; — **A. A. E.**, archives du ministère des Affaires étrangères.

1712.

NOVEMBRE. — 5. Remerciements aux félicitations sur sa nomination[1]. — 8. Sur les revenus du gouvernement de Provence et le présent fait au gouverneur. (B. N., fr. 8898.) — 29. Vues du Maréchal sur l'administration de sa province (B. N., fr. 8959)[2].

---

1. La plupart des lettres sont sur papier de format petit in 4°. Plusieurs lettres, après 1715, sont sur petit infolio. Les premières sont signées : *le M¹ duc de Villars;* à partir de mai 1713, la signature est simplement : *Villars*.
2. Le volume 8959 du fonds français est relié en maroquin bleu et porte pour titre, imprimé sur le plat : *Lettres originales du Maréchal de Villars à l'intendant Le Bret au nombre de cinquante-neuf depuis l'année 1712 jusqu'à l'année 1728. Appartient à M. Monteil.* (187 feuillets.) Les lettres sont simplement signées par Villars; il y en a 57, au lieu de 59, deux minutes de Le Bret ayant été comptées

DÉCEMBRE. — 15. Sur les revenus du comte de Grignan et la négligence de Vendôme (8 pages 1/2)[1]. — 25. Même sujet. Nouvelles de la paix (fr. 8898).

1713.

JANVIER. — 2. Sur l'acquisition d'une terre en Provence. — 7 (à Messieurs du Parlement). Demande d'enregistrement de ses lettres patentes. — 8. Envoi de ces lettres. — 15. Sur Grignan et Le Bret. — 25. Acquisition d'une terre. — 30. Sur M. de Grignan. Nouvelles.

FÉVRIER. — 6. Affaires et revenus du gouvernement de Saint-Tropez (8 p.). — (Sans désignation du quantième du mois) Nouvelles. Demande de renseignements sur Martigues (8 p. 1/2). — 26. Remerciements. Nouvelles.

MARS. — 8. Même sujet. Affaires de Marseille. Gouvernement particulier (12 p.). — 13. Martigues. Nouvelles de la paix. — 22. Martigues. — 23. Affaires de Marseille. Nouvelles.

AVRIL. — 1er. Affaires diverses. Nouvelles. — 5. Sur le paiement des appointements. — 7 — 19. Nouvelles de la paix. (B. N., fr. 8899.) — 24. Signature de la paix d'Utrecht. Projets de voyage en Provence. Affaires de Marseille (B. N., n. fr. 349).

MAI. — 19. Annonce du départ de Villars pour l'Allemagne. — 21. Sur ses appointements.

JUIN. — 11 (du camp de Spire). Même sujet. Martigues. Nouvelles. — 16 (du camp devant Landau). Nouvelles de la guerre. — 20. Sur ses appointements (fr. 8899).

JUILLET. — 1. Même sujet. — 4. Sur les procureurs de Provence et Martigues. — 13. Sur ses appointements. —

---

dans le nombre. 17 lettres sur 57 proviennent des bureaux du conseil de guerre.

1. Nous indiquons le nombre des pages quand elles dépassent huit.

20. Sur Martigues. — 27. Constestation entre MM. de Grignan et de Pilles (fr. 8900).

Aout. — 1. Sur les procureurs du pays. — 15. Affaires de la province. — 20. Sur les procureurs (fr. 8959). — 20. Sur Martigues.

Septembre. — 3. Même sujet. Nouvelles. — 24 — 27 (du camp devant Fribourg). Même sujet (fr. 8900). — 29. Sur les procureurs du pays (fr. 8959).

Octobre. — 16 — 20. Mêmes sujets.

Novembre. — 17. Réduction de Fribourg. — 20. Nouvelles. — 23. Placement de 40,000 livres.

Décembre. — 3 (de Rastadt). — 10 — 14. Sur Martigues et nouvelles des conférences pour la paix (fr. 8900).

1714.

Janvier. — 2. Sur Martigues et Barcelonnette. — 10. Consultation de M. d'Haramont. Emploi de 40,000 fr. — 16. Même sujet[1]. Martigues. — 25. Affaire de Barcelonnette. (8 p.) — 28. Affaire des 40,000 l. — Nouvelles des négociations.

Février. — 4. Sur les négociations. — 7. Lettre de Gally sur le départ de M. de Contades portant au roi les conditions de paix les plus glorieuses et les plus avantageuses. — 9 (de Strasbourg). Calomnies sur Villars qu'il méprise. Nouvelles. — 16. Sur Barcelonnette. Nouvelles. — 22. Nouvelles.

Mars. — 7 (de Rastadt). Lettre de Gally sur la signature de la paix. — 30. Sur Martigues (fr. 8901).

Avril. — 6 (de Paris). Demande de pages. — 16 — 23. Sur Martigues. — 20. Affaires diverses. Barcelonnette.

1. Villars a ajouté à cette lettre un mot de sa main et de son orthographe : « hotorisé » pour autorisé.

Mai. — 4. Mort du duc de Berry. Martigues. Divers (12 p.).
— 7. Martigues et Barcelonnette. — 9. Sur Martigues. —
10. Remerciements au Parlement. Survivance accordée
à son fils, le marquis de Villars. — 14 — 21. Sur un
emploi de finances. — 22 — 24. Affaire du contrôle des
notaires.

Juin. — 12. Nouvelles. Remerciements (fr. 8902).

Juillet. — 1. Affaires de Provence, notamment contrôle des
notaires (11 p.). — 9. Divers. — 13. Martigues. — 17 (deux
lettres). Affaires de Provence. Martigues.

Aout. — 3 — 13. Sur Martigues. — 15. Affaires de Marseille.

Septembre. — 4 (de Bruck.) Nouvelles. Martigues. — 21 (de
Fontainebleau). Dettes de Martigues. — 26. Conclusion
du marché pour Martigues (fr. 8903). — 29. Sur Martigues. Ajournement du voyage en Provence (8 p.).

Octobre. — 2. Martigues. Contrôle des notaires (8 p.). — 5.
Sur le choix de ses pages. — 8. Affaires des procureurs
du pays. — 16 — 17 — 20 — 23. Affaires de Provence et
de Martigues. — 27. Mêmes sujets et nouvelles.

Novembre. — 9 — 13. Affaires de Provence. Droit de justice
à Martigues. — 15 — 17. Ferme des huiles. Affaires avec
Titon. Nouvelles. — 21. Affaires de la province et particulières (13 p.). — 28. Lenteurs de Titon. Nouvelles
(10 p.).

Décembre. — 3. Affaires de Provence (8 p. 1/2). — 6. Procès
de Titon. Canal de Craponne. Barcelonnette à la Provence. — 9. Canal de Craponne. Pages. Logement à Versailles (11 p.). — 24. Sur Barcelonnette. Degrèvements
(11 p.). — 30. Démarches pour le soulagement de quatorze
communautés (fr. 8903).

1715.

FÉVRIER. — 4. Affaires de Provence. Appointements de Grignan (9 p.) (quelques lignes manuscrites de Villars en post scriptum). — 13. Affaires de Provence et de Martigues. — 21. Même sujet (11 p.). — 23. Nouvelles.

MARS. — 1. Quartiers de Cavalerie. — 4. Affaires de Martigues, etc. (10 p.). — 8. Même sujet. Divers. — 11. Compliments sur Le Bret. Retards de Titon. — 22 — 25. Affaires diverses. — 26. Affaires de Marseille. — 29. Même sujet. Commandants. Garnison (9 p.).

AVRIL. — 2. Promesses des Titon. — 3. Commandants et échevins. — 6. Commandant. — 12. Canal projeté à Martigues. Nouvelles. — 15. Gardes et bandoulières. — 26. Commandant de Barcelonnette. Les Titon. — 28. Conclusion avec les Titon.

MAI. — 1er. Logement du gouverneur à Aix. — 6. Divers. — 13. Projet pour un canal, etc. — 15. Gardes. — 17 — 27. Affaires de Martigues.

JUIN. — 1. Arrêt pour Martigues. — 6. Divers. — 10. Projet de voyage en Provence. — 24. Assemblée des communautés. — 28. Démêlés divers.

JUILLET. — 3. Dettes de Draguignan.

AOUT. — 24. Mort de M. de Maisons. Sur la santé du roi (fr. 8904 et 8905).

SEPTEMBRE. — 15. Règlement des affaires de Marseille (A. N., G¹ 481). — 18. (2 lettres) : 1º Affaires de Marseilles; 2º Envoi d'une lettre anonyme. — 23. Affaires de Provence (B. N. fr. 8905). — 25. Sur le major d'Entrevaux (n. fr. 3512). — 27. Sur la nomination d'un consul (fr. 8905). — 30. Sur le jardin d'Hyères (fr. 8959).

OCTOBRE. — 10 — 16. Affaires de Marseille (fr. 8905). — 20.

Jardin d'Hyères (fr. 8959). — 26. Patentes de Le Bret pour Marseille. — 27. Désordre la nuit à Aix[1].

Novembre. — 3 — 4 — 6 — 9. Affaires diverses. — 11. Affaires de Marseille (fr. 8905). — 18. Consul d'Aix (fr. 3512). — 18. Plainte sur la sortie d'un prisonnier. — 20 — 21. Commissaires pour Marseille. — 26. Sur un congé demandé par Le Bret. — 27. Prétentions du sénéchal d'épée d'Hyères. — 27. Affaires de Marseille, etc.

Décembre. — 2. Recommandation pour le sr de Campredon. — 6. Différend entre le maréchal de Tessé et Marseille. — 13. Procureurs du pays. Simiane. — 17 — 19. Divers (fr. 8985). — 23. Affaires de Marseille (fr. 8979). — 25. Désordres à Istres. Cabales contre Le Bret, Simiane (9 p.). — 27. Renseignements demandés pour le voyage de Villars. — 28. Affaires d'Istres. — 29. Renseignements demandés. — 31. Échevins de Marseille, etc. (fr. 8905).

1716.

Janvier. — 1. Capitaine réformé envoyé à la Tour de Bouc pour insulte à une dame. — 16. Affaires de Marseille (fr. 8906).

(Voyage de Villars en Provence.)

Avril. — 19 (au Régent). Impositions des terres adjacentes. Affaires de Marseille.

Mai. — 14. Mêmes sujets (A. A. E., France, 1732).

Décembre. — 5. Droits de chasse du gouverneur de Sisteron. — 29. Recommandation en faveur d'un fifre spolié par un avocat de Sisteron (B. N., fr. 8909). — 30. Divers (fr. 8959).

---

1. A partir de cette date, la collection des papiers de Le Bret contient d'assez nombreuses lettres signées par Villars, comme président du conseil de guerre. Nous n'indiquons pas celles qui ont un caractère pu-

1717.

Mars. — 13. Réclamation des consuls de Toulon. — 15. Dettes d'un officier.

Avril. — 20. Examen d'un mémoire contre le maire de Grasse. — 22. Le commis des postes à Seyne demande une indemnité pour les dégâts que causent à ses terres les lapins de la garenne du gouverneur (fr. 8909).

Juin. — 3. Maximes de gouvernement. Affaires de Marseille. — 7. Affaires de Grasse. — 27. Loterie ouverte à Marseille (fr. 8959). — 27. Demande de la famille d'une demoiselle séduite. — 29. Le gouverneur de Seyne paiera 60 l. pour les dégâts causés par les lapins. — 30. Demande d'une escorte pour un convoi de louis d'or.

Juillet. — 10. Consuls et soldats d'Antibes. — 10. Plainte d'un cadet contre une mère avare. — 19. Lieutenant colonel maltraité par deux habitants du Luc. — 20. Différend entre les habitants de Toulon et le major de le grosse tour. — 22 — 28. Affaires de Marseille.

Aout. — 8. Deux consuls d'Agde seront envoyés en prison pour avoir refusé de prêter main-forte à un garde du maréchal (fr. 8910). — 17. Injure particulière (n. fr. 3512). — 17. Placet de Jossin, ancien archivaire de Marseille. — 17. Il n'y a point de canonniers au château d'If. On en choisira un parmi les anciens invalides, et on lui donnera 6 liards par jour (fr. 8910). — 20. Nomination de l'archivaire de Marseille (fr. 8959).

Septembre. — 13. Violences (n. f. 3512). — 26. Installation de l'archivaire. — 30. Contrebande du sel sur les côtes.

rement officiel et militaire, nous bornant à citer celles qui paraissent émaner du gouverneur plutôt que du ministre. Elles sont signées tantôt *Villars*, tantôt *le M. D. de Villars*.

Octobre. — 4. Provision de vin de la citadelle de Marseille.
— 23. Emprisonnement pour violences. — 23. Amendes
des conseillers de Marseille. — 25. Faux saunier incarcéré.

Novembre. — 8 — 30. Réclamation de M. de Pilles. — 18.
Réclamations des avocats de Marseille (fr. 8911). —
24. Préfet de Barcelonnette.

Décembre. — 10. Affaires de Barcelonnette (2. fr. 3499). —
13. Armées (n. fr. 3512). — 14. Avocats de Marseille. —
20. Un commandant s'est emparé pour se loger de presque toute la maison d'un habitant (fr. 8911).

1718.

Janvier. — 3. Avocats de Marseille. — 11. Prétentions d'un
maitre calfat (fr., 8912). — 23. Taxes du comté de Grignan. (n. fr. 3492). — 24. Demande d'un capitaine réformé. — 30. Entrée de vin à Marseille, etc.

Février. — 10. Placet pour exemption. — 12. Contestations
à Marseille (fr. 8912). — 15. Nouvelles. — 17. Sur le
comté de Grignan (n. fr., 3492). — 21. Bureau de vin.

Mars. — 11. Différend entre de Pilles et Borelli. Copies de
lettres adressées à chacun d'eux ainsi qu'aux échevins de
Marseille. — 12. Différend à Antibes.

Avril. — 11. Démêlé à Sisteron. — 27. Officier cassé. —
29. Affaire de Pilles (fr. 8912).

Mai. — 15. Même affaire. — 26. Sur le S^r des Crottes (n. fr.
3484).

Juin. — 18. Affaires diverses (fr. 8912). — 23. S^r des Crottes
(n. fr. 3484). — 27. Consuls d'Aubagne.

Juillet. — 26. Viguier de Toulon.

Aout. — 3. Assemblée. Tenue des États. — 4. Troupes en
Provence. — 11. Convocation de l'Assemblée. — 15. Pla-

cement des régiments. — 24. Procureurs de la noblesse.
— 31. Affaires de Barcelonnette.

SEPTEMBRE. — 2. Trésorier de Marseille. — 11. Émeute à Tarascon (fr. 8913). — 29. Embellissements de Marseille, (fr. 8959).

OCTOBRE. — 24. États. Procureurs du pays. — 29. Hôtel de ville de Marseille. — 31. Don gratuit.

NOVEMBRE. — 1. Départ de dragons (fr. 8913).

1719.

JANVIER. — 18. Levée de la milice.

AVRIL. — 2. Officiers de la milice.

MAI. — 22. M. Dupont. (Le Bret passe une partie de l'année à Paris.)

OCTOBRE. — 23. Vexations à Marseille. — 25. Intendance du commerce à Le Bret. — 26. Compliments. Copie d'une lettre aux échevins de Marseille. — 26. Conflits à Marseille. — 30. Deux lettres sur affaires diverses.

NOVEMBRE. — 29. Domaines d'Arles.

DÉCEMBRE. — 4. Casernes de Marseille. — 8. Divers. — 10. Affaires d'Entrevaux. — 14. Dissensions à Martigues. — 27. Deux lettres sur divers sujets (fr. 8914).

1720.

JANVIER. — 2. Affaires d'Entrevaux. — 5. Nouvelles. Martigues. — 7. Même sujet. — 11. Magnaudy recommandé. — 18. Écuyer du roi recommandé. — 18. Nouvelles. — 21. Sur une place de subdélégué (n. fr. 3493). — 20 — 29. Appointements des échevins de Marseille.

FÉVRIER. — 13. Terre à la Nocle. — 14. Consuls d'Arles. — 20. Prisonnier. — 26. Conflits à Saint-Tropez.

Mars. — 11. Domaine d'Arles, etc. — 19. Conflits à Saint-Tropez.

Avril. — 1. Nouvelles. Domaine d'Arles. — 4. Consul de Tarascon. — 13. Maréchaussée d'Aix. — 14. Travaux d'un canal à Arles, etc. — 16. Municipalité d'Arles. — 24. Affaire de Saint-Tropez. — 29. Affaire privée.

Mai. — 5. Municipalité d'Arles. — 17. Même sujet et divers. — 21. Querelles entre officiers. — 24 — 29. Passage de la princesse de Modène. Misère de l'évêché de Vence (fr. 8915).

Juin. — 6 — 10. Nouvelles. — 24 — 30. Avocat et orateur de Marseille.

Juillet. — 16. Nouvelles. — 17. Orateur et assesseur à Marseille. — 22. Précautions contre la peste. Système de Law. — 20. Nouvelles.

Aout. — 5. Promesse de secours. — 7. Ordres du régent dans ce sens. — 19 — 20 — 22. Secours pour Marseille. — 27 — 29. Sur les progrès de la peste. — 30. Affaires d'Istres.

Septembre. — 1 — 2 — 8 — 28. Sur la peste. — 5. Paiement des domains d'Arles (fr. 8916).

Octobre. — 1 — 3 — 17. Peste. — 11. Divers. — 21 — 29. Demande de nouvelles. — 28. Nouvelles de Paris.

Novembre. — 7. Embarras d'argent. — 19. Même sujet. Parlement. — 23. Martigues.

Décembre. — 10. Peste. Nouvelles. — 12 — 16. Retraite de Law. — 18. Demande de nouvelles. — 23. Difficulté d'emprunts. — 27. Hôpital de Toulon. — 30. Sur le port de Cette. — 31. Pension de Barcelonnette (fr. 8917).

1721.

Janvier. — 15 — 21. Peste à Martigues. Embarras d'argent de Villars. — 27. Peste en Provence et misère du royaume.

Février. — 2 — 9 — 13 — 16. Malheur et peste de Provence. — 23 — 27 — 28. Emprunt d'un million.

Mars. — 5 — 8. Sur Martigues et Aix.

Avril. — 15. Nouvelles. — 22. Misère de la Provence (fr. 8918).

Mai. — 4. Emprunt. — 6. Divers. — 15. Consuls de St-Mitre. — 17 — 20 — 26. Secours pour le peste.

Juin. — 6. Meilleures nouvelles. — 8. Plaintes contre les commandants.

Juillet. — 26. Recommandation d'un chirurgien.

Aout. — 9. Misère de Provence. Fêtes de Paris pour le rétablissement de la santé du roi. — 16. Mariage du marquis de Villars. — 23. Commandants (fr. 8919).

Septembre. — 4 — 12. Divers. — 27 — 30. Tenue de l'assemblée.

Octobre. — 21 — 28. Même sujet.

Novembre. — 6. Départ de M. de Brancas (fr. 8920). — 8. Grâces accordées (fr. 8959). — 15. Retour de Le Bret à Aix.

Décembre. — 16. Divers (fr. 8920). — 20. Martigues.

1722.

Janvier. — 12. Commerce de Marseille. — 17. Chute de Villars. Santé du duc de Chartres. — 23. Assemblée des communautés. — 27. Martigues. — 31. États de récompenses.

Février. — 5. Même sujet. — 14 Nouvelles. — 21. Sur l'assemblée.

Mars. — 10 — 14 — 26. Assemblée des communautés. — 31. Demande de nouvelles.

Avril. — 17. Récompenses. — 21. Divers.

Mai. — 2 — 26. Récompenses. — 11 — 18. Recrudescence de la peste (fr. 8921).

Juin. — 3 — 9 — 16 — 26 — 30. Même sujet.
Juillet. — 14. Même sujet (fr. 8922). — 29. Désinfection des marchandises.
Aout. — 24. Approbation des mesures prises par Le Bret (fr. 8923). — 31. Sur Marseille et Martigues (fr. 8922).
Septembre. — 8. Préparatifs du sacre du roi. — 14 — 24. Élections à Marseille. Exemptions. — 30. Divers.
Octobre. — 2. Quarantaines à Marseille.

1723.

(Les registres de Le Bret ne contiennent aucune lettre de Villars pour cette année; elles ont été égarées sans nul doute, car dans les minutes de Le Bret, on trouve des accusés de réception de lettres du Maréchal pour des lettres qui ne se sont pas retrouvées.)

1724.

Janvier. — 6 — 9 — 16. Démêlés entre De Foresta et d'Oppède. — 24. Divers.
Février. — 21. Sauvegardes. — 29. Marseille.
Avril. — 27. Même sujet.
Mai. — 10. Le Bret confirmé dans son commandement. — 12. Consuls de Salon. — 24. Salon et Marseille. — 31. Nouvelle enceinte à Marseille (fr. 8926).
Juin. — 7. Exemptions de charges municipales à Marseille. — 14. Bruits erronés sur le retour de la peste à Marseille. — 21. Commissaire de la noblesse.
Juillet. — 8. Même sujet. Divers. — 12. Cay. — 20. Consuls d'Arles. — 30. Accusé de réception.
Aout. — 7. Hyères. — 10. Prisonniers d'État. — 16. Commerce de Marseille. — 22. Renvoi d'un mémoire. — 27. Consul de Brignoles insulté.

SEPTEMBRE. — 7. OCTOBRE. — 8. Querelles particulières (fr. 8927). — 18. Divers.
NOVEMBRE. — 2. Divers. — 22. Différend à La Seyne. — 24. Marseille.
DÉCEMBRE. — 7. Prospérité de Marseille. (Copies de lettres à Alphanty et à Capus.) — 8. Divers. — 22. Recommandation. — 26. États. Martigues. — 31. Sur l'assemblée de la noblesse.

1725.

JANVIER. — 9. Divers. — 12. Procureurs de la noblesse, etc. — 15. Marseille, etc. — 18. Demande d'avis. — 30. Syndics de la noblesse.
FÉVRIER. — 3. Arrestation du fils de Cay. — 14. Sur Salignac et Raguse. — 17. Assemblée de la noblesse. — 28. Différends à Grasse et à Toulon. — 29. Mémoire de Niquet concernant le canal de Villars.
MARS. — 7. Cours et canal du Rhône. — 21. Noblesse de Marseille. — 24. Divers.
AVRIL. — 3. Divers. — 12 — 22. Place royale de Marseille.
MAI. — 10. Bureau de vin de Marseille. — 26 — 28. Affaire de Silvy.
JUIN. — 1er. Même sujet. — 24. Château d'If. — 27. Procureurs de la noblesse.
JUILLET. — 28. Arrestation.
AOUT. — 21. Approbations. Canal d'Arles à Bouc.
SEPTEMBRE. — 9 — 7 — 25. Établissement d'un magasin de blé à Marseille.
OCTOBRE. — 12. M. de Sebeville. — 14. Craintes de disette. — 24. Divers.
NOVEMBRE. — 12. Soufflets entre gentilshommes.
DÉCEMBRE. — 4. Arrestation. — 10. Divers. — 19. Assemblée de la noblesse. — 23. Échevins de Marseille (fr. 8929).

1726.

JANVIER. — 6. Remerciements. — 12 — 31. Assemblée de la noblesse. — 14. Marseille. — 27. Abbaye d'Hyères.
FÉVRIER. — 20. Manufacture de Martigues. — 28. Querelle à Hyères.
MARS. — 8. Divers. — 29. Milices.
AVRIL. — 10 — 15 — 29. Académie de Marseille.
MAI. — 24 — 29. Même sujet. — 29 — 31. Divers.
JUIN. — 7 (2 lettres). — 18 — 20 — 22 — 26. Divers.
JUILLET. — 15. Affaire du pâtissier. — 21. Différend à Marseille. — 25. Nouvelles.
AOUT. — 14. Marseille. — Nouvelles. — 16. Approbation d'ordres. — 18. Privilèges des voitures.
SEPTEMBRE. — 3. Recommandation. — 4. Approbations. — 14 — 16 — 19. Académie de Marseille. — 24. Divers.
OCTOBRE. — 3. Banqueroutes à Marseille. Nouvelles. — 8. Approbation. Fêtes de Villars. — 16. Sur les biens de Madame de Buous.
NOVEMBRE. — 20. Divers.
DÉCEMBRE. — 2 — 13. Privilèges pour des manufactures. — 29. Académie de Marseille, etc. — 31. Affaire de la Motte (fr. 8931).

1727.

JANVIER. — 15. Place royale de Marseille. — 24. Divers.
FÉVRIER. — 7 (2 lettres). Lieutenants des maréchaux. Querelle. — 10. Sur un moulin de Villars. — 12. Cadets. — 21. Divers. — 22 — 26. Académie de Martigues. Académie.
MARS. — 4. Lieutenants des Maréchaux. — 6. Divers. — 8. Désordres à Aix. — 16. Plaintes de Sabran. — 31. Autre plainte.
AVRIL. — 1. Violences des frères Jacques. — 2. Cahiers de

Provence. — 16. Aventure de la d^{elle} Catalan. — 21 (deux lettres). Eaux et caserne à Aix. — Procès de Mme de Buous. — 29. Destitution de Cavalier. (fr. 8932.)

MAI. — 5 (deux lettres). Armement de vaisseaux, etc. — 8. Casernes d'Aix. Nouvelles. — 21 — 24. Divers.

JUIN. — 7. Accusé de réception.

AOUT. — 12. Invitations à venir à Villars.

NOVEMBRE. — 1 — 9 — 21. Affaires de Provence.

DÉCEMBRE. — 5. Affaires de Cugis, etc. — 14. Exaction des traitants. — 23. Consuls de Saint-Tropez. — 24 — 31. Affaire de Cugis (fr. 8933).

1728.

JANVIER. — 5. Compliments.

FÉVRIER. — 11 — 20. Divers.

MARS. — 22. Divers. — 29. Reclusion d'un fils de famille.

AVRIL. — 7. Sur le Sr Granet. — 30. Divers.

MAI. — 15 — 31. Nouvelles (fr. 8934). — 28. Sur l'affouagement (fr. 8959).

JUIN. — 11. Nouvelles. — 14. Académie de musique et opéra de Marseille. — 25. Nouvelles. — 29. Opéra de Marseille, etc.

JUILLET. — 5. Gentilhomme d'Aix. — 9. Réparation du parc de Cassis.

AOUT. — 19 — 23 — 25 — 27. Divers.

SEPTEMBRE. — 10. Passage du Cardinal Pereire à Marseille. — 24. Nouvelles.

OCTOBRE. — 6. Différend à Forcalquier. — 14. Cahiers des procureurs. — 27. Nouvelles.

NOVEMBRE. — 9 (2 lettres). — Échevins de Marseille. — Archevêque d'Aix. Révocation de Beaumont (fr. 8935). — 29. Affaires Dugrou.

DÉCEMBRE. — 9 — 21. Même sujet. — 14. Demande de lettres.

1729.

Février. — 4 — 7 — 22. Affaire Dugrou (fr. 8959).
Mars. — 2. Prise d'un corsaire tripolin. — 3. Hôpital d'Aix (fr. 8936). — 4. Même sujet. Nouvelles (fr. 8959). — 9. Marseille. — 11. Affaire Dugrou (fr. 8936). — 14. Plaintes des consuls de Martigues (fr. 8959). — 16. Le bey de Tripoli demande la paix. — 22. Recommandation (fr. 8936).
Avril. — 23. Affaire Dugrou. — 25. Nouvelles (fr. 8959).
Mai. — 6 — 9. Affaire Dugrou.
Juin. — 17. Mort du Marquis de Pilles (fr. 8939).
Juillet. — 1. Différend à Marseille.
Août. — 13 — 22 — 24. Affaire Dugrou (fr. 8936 et 8959).
Septembre. — 1. Divers. — 29. Procureurs du pays.
Octobre. — 5 — 27. Divers (fr. 8937).
Novembre. — 22 — 29. Consuls d'Arles. Affaire Dugrou (fr. 8959).

1730.

Juin. — 19. Mémoire de la princesse de Conti (fr. 8939).
Novembre. — 8. Échevins et lieutenants de Roi.
Décembre. — 16. Consuls d'Aix et de Toulon (fr. 8940).

1732.

Novembre. — 24. Consuls de Toulon (fr. 8943).

1733.

Septembre. — 7. Approbation de la conduite de Dugrou.

TABLE DES MATIÈRES.

	Pages.
Chapitre I. — Les attributions de gouverneur	1
Chapitre II. — Relations du gouverneur avec l'intendant	11
Chapitre III. — Les fonctionnaires des États	23
Chapitre IV. — Le lieutenant général et les gouverneurs de villes	37
Chapitre V. — Les appointements du gouverneur	49
Chapitre VI. — La vallée de Barcelonnette	59
Chapitre VII. — La principauté de Martigues	67
Chapitre VIII. — La paix, les gardes et les pages	79
Chapitre IX. — L'assemblée générale des communautés	87
Chapitre X. — Les réclamations de la noblesse	95
Chapitre XI. — Les affaires de Marseille	101
Chapitre XII. — Villars en Provence	113
Chapitre XIII. — L'échevinage de Marseille	129
Chapitre XIV. — Questions municipales et religieuses	147
Chapitre XV. — La peste de Provence	157
Chapitre XVI. — Villars à la cour et dans ses terres	173
Chapitre XVII. — Le commerce et les embellissements de Marseille	191
Chapitre XVIII. — Affaires militaires et religieuses	203
Chapitre XIX. — Les recommandations	211
Chapitre XX. — La juridiction du point d'honneur	219

TABLE DES MATIÈRES.

Pages.

Chapitre XXI. — Les prisonniers par mesure administrative.. 233
Chapitre XXII. — L'académie de Marseille.................. 241
Chapitre XXIII. — Mort de Villars et de Le Bret. Le fils de
  Villars gouverneur de Provence..................... 261

APPENDICE.

Lettres patentes nommant Villars gouverneur de Provence.... 273
Index chronologique des lettres de Villars à Le Bret........ 289

TYPOGRAPHIE FIRMIN-DIDOT ET Cie. — MESNIL (EURE).

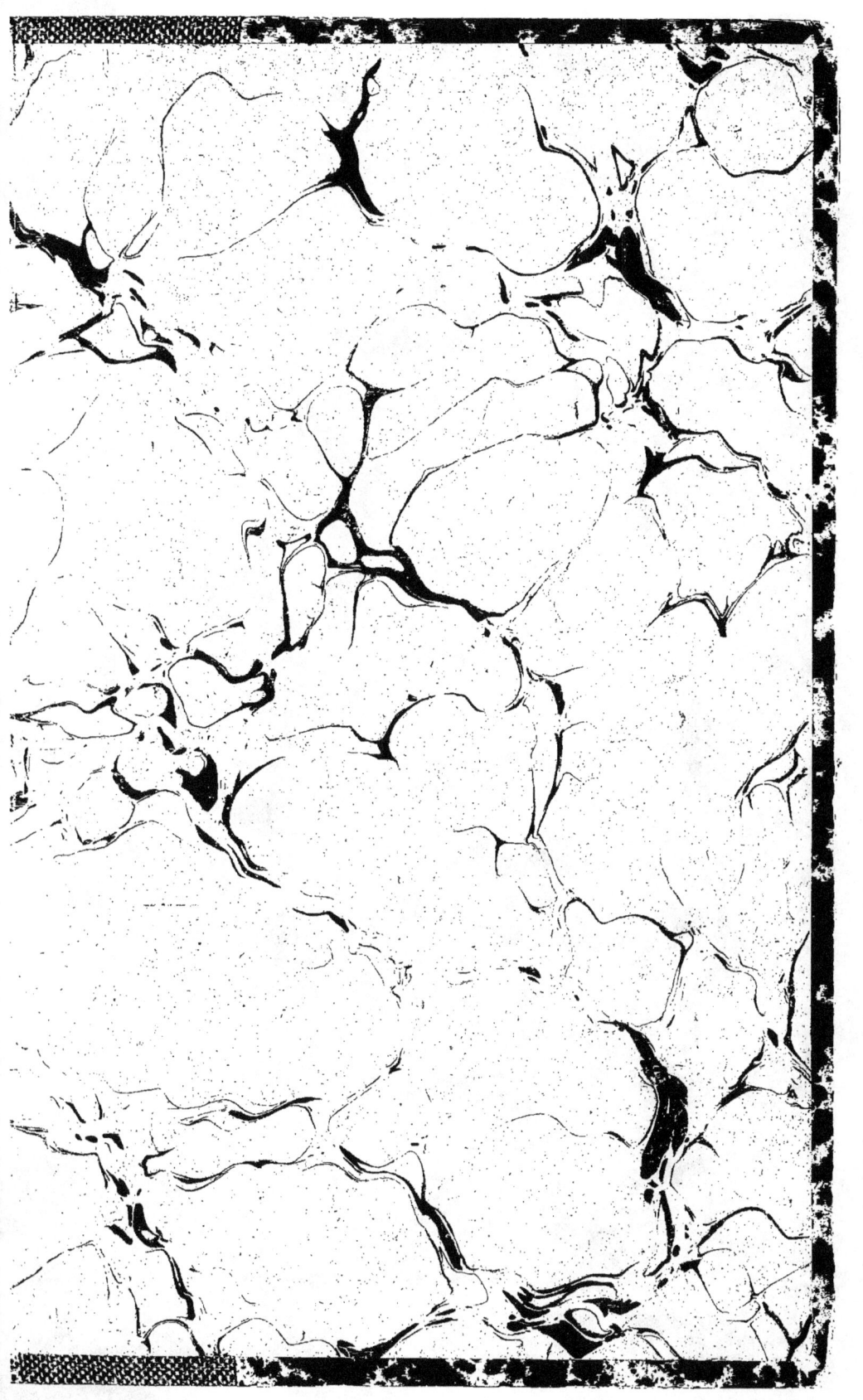

www.ingramcontent.com/pod-product-compliance
Lightning Source LLC
Chambersburg PA
CBHW060646170426
43199CB00012B/1682